東ティモールの成功と国造りの課題

―国連の平和構築を越えて―

花田吉隆

創成社新書
55

はじめに

東ティモールといって読者は何を思い浮かべるだろうか。

多くの人はこの国がどこにあるかも知らないだろう。この国のことを少し知っている人は、紛争という言葉と結びつけてこの国を理解するだろう。インドネシアに対する抵抗運動の末独立を勝ち取った国、しかしその独立に際し、国を二分する内乱が勃発した国、そして紛争国との位置づけの下、長い間、国連ＰＫＯが出動し国造りを行ってきた国、そういう歴史とともにこの国を理解するだろう。いずれにせよ紛争のイメージとともにこの国が思い起こされるということはこの国のイメージはあまり明るいものとは言えない。

その国連ＰＫＯが２０１２年末、撤退した。それは、国連の平和維持ないし平和構築の歴史における輝かしい成果だった。10年余りにわたるＰＫＯ活動の結果、この国にはともかくも安定がもたらされた。国連関係者は東ティモールを輝かしいサクセスストーリーという。しかし現実は以上述べたことをはるかに上回るスピードで進んでいる。2012年末以来、急速に安定した治安状況を背景に、インドネシア、中国系企業が一気に参入。首都ディリは1カ月もいなければ、他の国かと思うほどの変貌を遂げる。海辺には、新築なったばかりの総ガラス張り高層ビルが財務省庁舎として威容を誇る。一体、東ティモールのこの急激な変貌は何によるのか。そもそも東ティモールは本当に安定したのか。

目覚ましい変貌を遂げる東ティモールも、観察者が一歩道を横に入れば、アジア最貧国の姿を容赦なくさらけ出す。ここは、人口の4割以上が一日0・88ドル未満で生活する国である。電気、ガス、水道、道路、学校そのすべてが未整備だ。国際社会の援助関係者はそのあまりに多い課題を前に、どれから手をつけたらいいのか頭を抱える。

それもそのはず、ここは12年前の独立の時「何もない国」だったのだから。

この東ティモールの二面性とも言える現実を前に、二つの見方が対立する。

一つは、貧困、衛生、教育等、国民一人一人の生活状況を改善することこそ急務であり、政府はその一点に政策を集中すべきである、それこそが独立に際し東ティモールが目指した国造りの基本方向だったのだから、とする「正論」。独立を主導しつつも今は野党に甘んじるフレテリンの立場だ。

もう一つは、貧困、衛生、教育等、国民生活の改善はむろん重要としつつも、まずは、インフラ整備に重点を置き、道路、橋、港等の整備に財政を集中投下し、併せ、独立闘争を主導した兵士（退役軍人）等を中心に寡婦その他生活補助が必要な人々に直接給付を行い、もって平和の配当をより目に見える形で国民に提供すべきだとする「現実論」。グスマン首相率いる現政権の立場だ。

現実は、フレテリンの「正論」は、早急に平和の配当を、とする国民の圧力に抗し切れず、同党は２００７年選挙を機に下野、以来、「現実論」に基づく政策が２０１２年選挙でも国民の圧倒的支持を受け現在も継続中だ。

現在の東ティモールの急速な変化は、こういう流れの中にある。かくてフレテリンもここにきてとうとう「現実論」に屈し、今や政府と歩調を合わせるかのごとくである。ＧＤＰはこの数年、10％前後を推移、首都には巨大ショッピングモールが出現し、週末ともなれば、ショッピングモールの一角は、パソコンに興じる若者が占拠する。政府はこの余勢をかって近年中のＡＳＥＡＮ加盟を果たしたい意向である。

では、一日0・88ドル未満の人々はどうなったのか、衛生は、教育は。そもそも、アジアの最貧国東ティモールが空前の活況にわき、ショッピングモールやら総ガラス張りの財務省ビルやら、一体財源をどこから捻出してきているのか。ショッピングモールに集まる買い物客はどこから収入を得ているのか。

そもそも、国連平和構築の努力もあってこの国が達成した安定と近年の驚異的な変化は持続可能なのか。

本書では、以上を踏まえ、まず、これまでの歴史的経緯をたどり、国連の平和構築が東ティモールにおいていかにして実施されていったのか、それが東ティモールで成功した要因は一体何だったのかを探る。さらに活況にわく東ティモールの現状を追い、この活況がいかなる構造的要因により生まれたのかを明らかにする（第1章）。続いて、目を貧困の実態に転じ、東ティモールのもう一つの側面に光を当てる。それは平和構築後の東ティモールが直面する果てしない課題の山である（第2章）。読者はこの双方を見ることにより、東ティモールの実態とその問題点をよりよく理解できるであろう。そして最後に、今後東ティモールはいかなる方向に進んで行こうとしているのか、若干の将来展望を試みる（第3章）。やや無謀とも思えるこの試みは、東ティモールの実像をより明らかにせんがためである。

本書の全体を貫くテーマは、紛争国と位置づけられ国連PKOの下、平和構築のプロセスをたどった国が、いかにして安定を達成し開発に向かって行くか、であるが、貧困の実態を論ずる第2章では、これにとどまらずさらに一歩踏み込んで、東ティモールの伝統的村落の成り立ち、構造、習慣、人々の考え方等にも可能な限り紙幅を割く。安定と開発を縦軸に、伝統的村落社会の構造を横軸に、双方が交差しつつ東ティモールという国が立体的に浮かび上がってくればいいと思う。

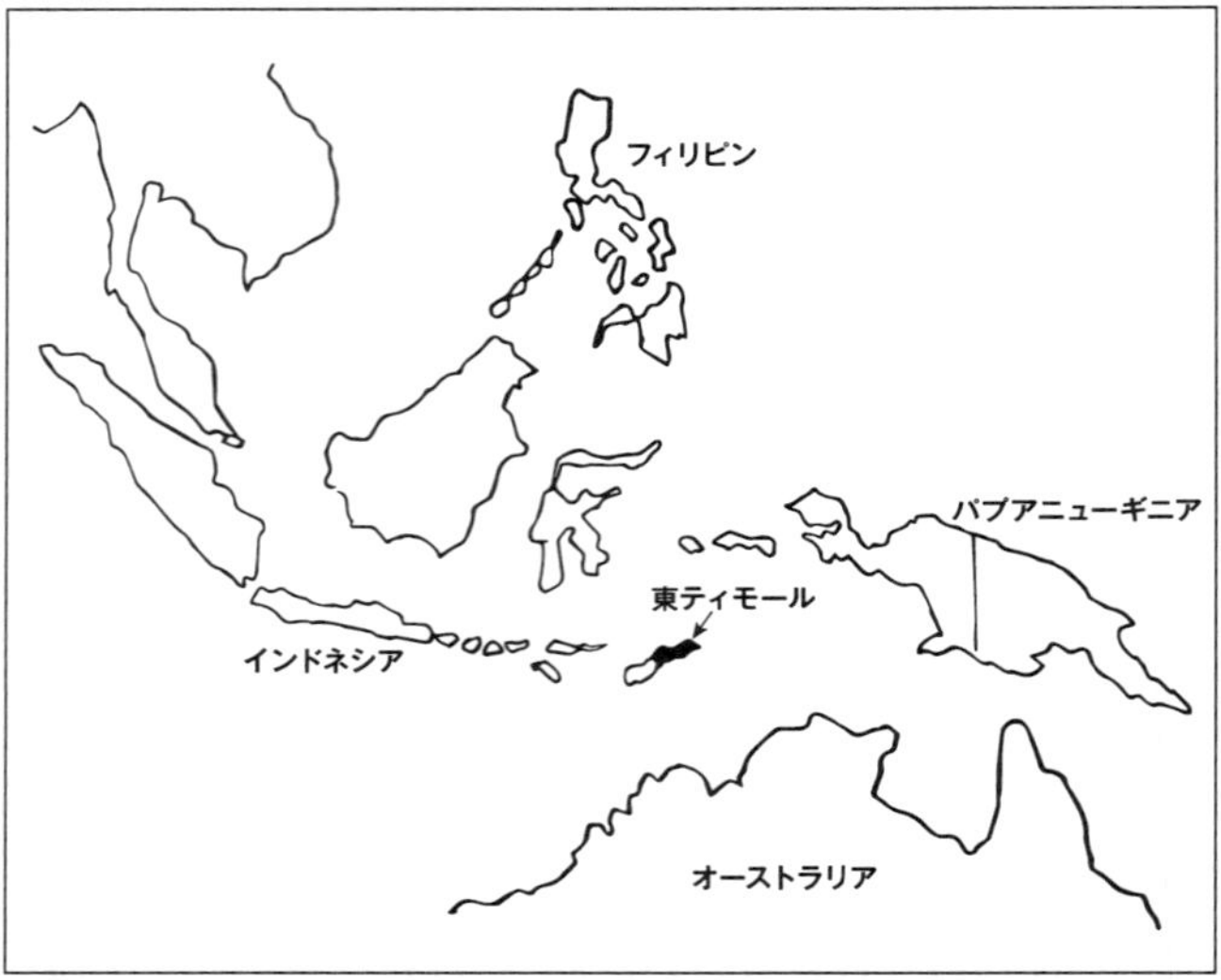
フィリピン
パプアニューギニア
東ティモール
インドネシア
オーストラリア

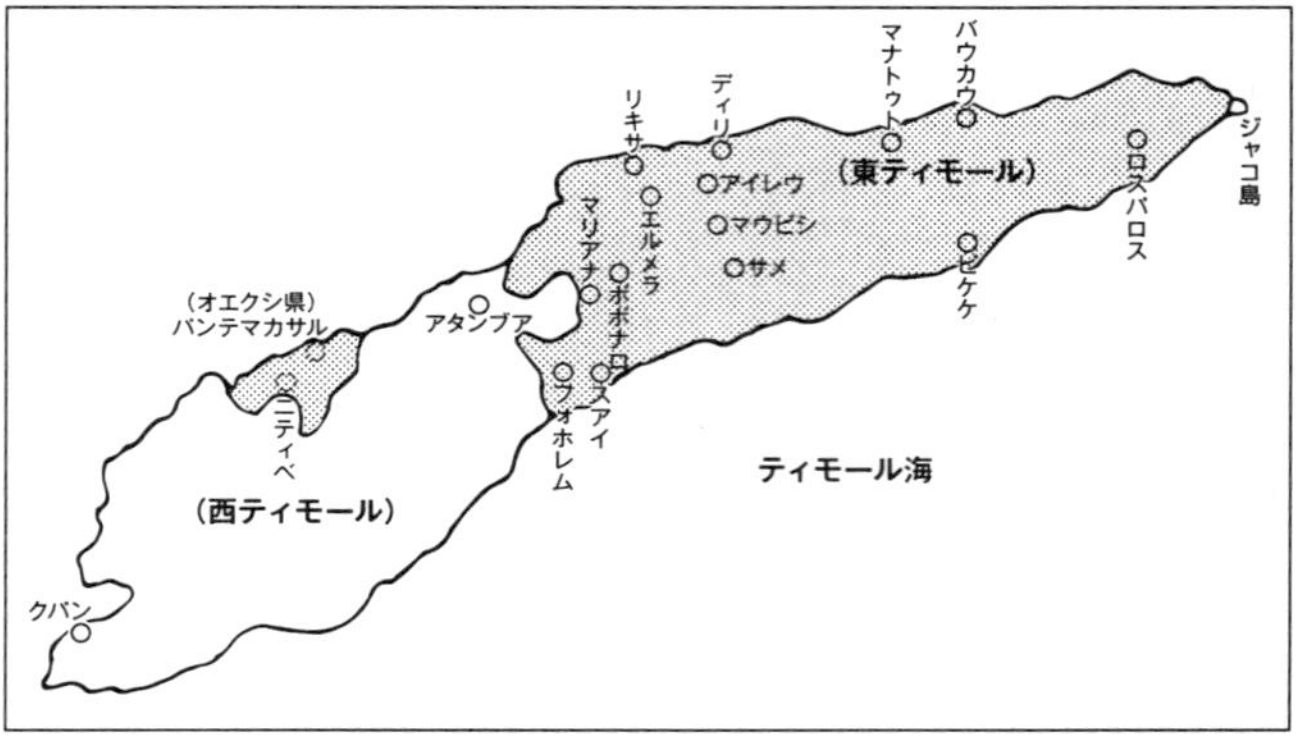
マナトゥト
バウカウ
ディリ
リキサ
(東ティモール)
ジャコ島
アイレウ
ロスパロス
エルメラ
マウビシ
マリアナ
サメ
ビケケ
ボボナロ
(オエクシ県)
パンテマカサル
アタンブア
ニティベ
フォホレム
スアイ
ティモール海
(西ティモール)
クパン

目次

はじめに 1
第1章 変貌する東ティモール
第1節 東ティモールの独立と安定への歩み 2
国連PKOの投入／独立に際しての騒乱／国連による統治／ゼロからスタートする統治／新たに生じた2006年の騒乱／2012年のPKO撤退／東ティモール人の安定への思い／アルカティリ政権からグスマン政権へ／グスマン首相の横顔／東ティモール社会を根本的に変えた要因／オイルマネーによるインフラの更新／抜群の政治的効果を持った直接給付／国際世論の喚起と国際社会の支援／東ティモールのその他成功要因
第2節 東ティモールの現在を考える八つの視点 45
第2章 アジアの最貧国、東ティモール 101
第1節 ニティベ（レラウフェ村） 104
全国に広がる劣悪な道路／東ティモールの地質／劣悪な道路が生む村落の孤立／道路による結合を欠くことの経済的、政治的意味合い／衛星放送を通して飛び込む豊かな生活の情報／市場とのかすかな接触／村人の食生活／東ティモールにおける牛、豚の特別な意味／東ティモールにおける食生活の変化／農業が抱える根本的な問題／東ティモールの貿易／ドル経済／精霊信仰の社／東ティモールのキリスト教
第2節　東ティモール国造りの課題　136
東ティモールの水事情／コラム　東ティモールの温泉／東ティモールの電気事情／テレビの普及／東ティモール人の勤労意欲／東ティモール社会の本質：村落共同体／東ティモール人にとっての村落共同体の意味／コラム　物乞い
第3節　国造りに関する二つの立場　171
手付かずのままの「暗」の部分／野党フレテリンの政府批判／政府の立場／開発をめぐる考え方の変遷／東ティモール開発論議の位置づけと見通し
第3章　東ティモールの将来展望——181
基本構造、問題点、見通し／グスマン後の政局／ASEAN、インドネシア経済との関係／産業振興／人材育成／東ティモールの教育／インドネシアの先例／小国東ティモールの将来／平和構築と東ティモール／おわりに
あとがき　221
参考文献　227

第1章　変貌する東ティモール

２０１４年夏、東ティモールは抜けるような青空の中、日曜のひっそりとした朝を迎える。町は行き交う車もほとんどなく、ただ平和が辺り一面を覆う。人々はまだ安らかな眠りの中にあるが、わずかに早起きした人が一人二人、浜辺の波打ち際をゆっくり歩いていく。やがて昇り来る、焼け付くような太陽が現れる前のほんの一瞬、人々は柔らかな日差しを体全体で楽しむ。平和がこれほどまでに人々に安らぎを与えるものか、東ティモールの人々は心底そう思ったに違いない。

第1節　東ティモールの独立と安定への歩み

国連ＰＫＯの投入

１９９９年、国連の東ティモール暫定統治機構（ＵＮＴＡＥＴ）が活動を開始したとき、「言葉の本当の意味で、東ティモールには何もなかった」[1]。国土は灰と化し、１９９８年に90万あった人口は、30万人ともいわれる死者、国外逃亡者等の結果、60万人にまで減った。家々は焼き尽くされ、ただ焼け残った柱とわずかばかりの屋根の片端がそれを支える。ありとあらゆるものが押し入った人々の手で持ち去られ、文字通り廃墟と化した家の残骸のみが残った。そこには住む人とておらず、多くが戦火を恐れ西ティモールに逃亡した。「文字通り東ティモールは廃墟だった」と、ヴァスコンセイロス受容・真実・和解委員会委員長は言う。ディリ市内同委員会本部の壁面いっぱいに当時の惨状を物語る写真が展示されている。

東ティモールの再建はこうして始まった。国連ミッションＵＮＴＡＥＴの前に広がる国土はこういう廃墟以外の何物でもなかった。

その頃、国連では「平和構築」という言葉が盛んに言われるようになった。それまで、国連の平和維持活動は、あくまで紛争当事者間に中立的立場で介入、戦闘を止めさせその状態を維持することを任務とした。

しかし、冷戦後、時代の要求はこのタイプの国連ミッションとは違うものを求める。近年、紛争は、国同士の戦いというより国内部の機能不全が主たる要因となり生じる。植民地からの独立、冷戦終了に伴う共産主義からの移行、その他原因はさまざまだが、共通するのは統治能力の欠如だ。本来、統治能力のない政権の下で国家が独立を勝ち取ることはないはずだが、時代の趨勢はそういうところにも新しい国家の発生を許した。しかし統治能力を欠いた政府が存続していくのは難しい。国内治安の乱れが国民生活をむしばみ、さらには混乱が国境を越え、近隣諸国にまで及ぶようになる。統治能力の欠如はひとえにその国のみの問題ではない。ここに、国際社会が伝統的主権概念を超え、国際社会全体の問題として、統治能力を欠き混乱に陥った主権国家に介入しその統治能力を回復させるべきである、との考えが生まれることになった。国際社会は、伝統的国連ミッションのサイプラスやゴラン高原PKOから、近年、新たな試みを始めるに至ったのである。

国連平和維持活動のこのような歴史の中にあって、一つのテストケースとして格好の材料となったのが東ティモールだった。

独立に際しての騒乱

東ティモールはインドネシアの長く連なる島々の果て、スンダ列島が果つるところに位置する、面積約1・5万平方キロ、人口118万人の、ティモール島東半分の国である。

1514年以降、ポルトガル植民地として450年余りを過ごす。第二次世界大戦中の日本占領をはさみ、やがて1975年、ポルトガルで民主主義政権が誕生、ポルトガルは東ティモールから撤退し東ティモールは念願の独立を果たす。しかし、時を置かずしてインドネシアが侵攻、東ティモールを自国領に編入、以後24年にわたり統治を続けた。国際社会はこれに対し、オーストラリアを除き、インドネシアの内政問題との立場から介入を控えてきた。

インドネシア統治が続く中、状況が一変したのが1997年、インドネシアを襲ったアジア通貨危機である。1998年スハルト政権が崩壊、インドネシアはハビビ新大統領に代わった。ハビビは、1999年1月、長くくすぶり続けてきた東ティモール問題にけりをつけるべく、東ティモールの独立を国民投票に付すことを表明、事態が一気に動き出すことになった。ただし、ハビビの心中は、これにより東ティモールの独立を認めようとのことではなかった。よもや東ティモール有権者の98％が投票し80％が独立を支持しようとは思っていなかったのである。かくて、「誤算」から東ティモールからのインドネシア軍撤退が始まることになった。したがって、ハビビとして、これがよもや、インドネシア軍の憤激を呼び、東ティモールの人々の骨肉相食む抗争を惹起しようとは思いもよらなかった。

1999年、国民投票の結果が明らかになるや、東ティモール民兵が独立反対を標榜して立ち上がった。裏にはインドネシア軍がいた。民兵により家屋は灰燼と化し、多くの東ティモールの人命が失われた。冒頭既述の通りである。しかし、ことは国土という物質的なものに止まらなかった。最も悲惨だったのは、東ティモールの人々が互いに親インドネシアと反インドネシアに分かれ抗争を始めたことだった。文字通り骨肉相食む凄惨な光景が展開されたのである。東ティモールでは村の共同体が生活の単位として機能する。それが独立を巡り二分された。血を分けた親族も二分された。文字通り一人一人が対立する二つの陣営に切り裂かれ抗争を繰り広げた。これが東ティモールの人々の心に今も残るトラウマを引き起こす。人々は、自分の親族を殺した別の親族の顔を毎日見ながら生活する。東ティモールの人は、その顔を見るたびにあの日がよみがえるという。心の底からわき起こる憎悪を、しかしそれでも必死の思いで押さえ込み日々の暮らしを送る。そういう深い心の闇を東ティモールの人々は今も抱える。国土は灰燼に帰した。しかし「人々の心も灰燼に帰した」のである。国土はやがて復興の途につく。しかし、心の中は今もって癒やされることはない。

国連による統治

1999年、国連PKOが目の前に見た光景はこういうものであった。しかも東ティモール人は、こういう状況を前にしてなすすべを知らない。東ティモールは、統治機能を欠如しているとの点で、まさに新しい型の平和構築にぴったりだった。国連平和維持活動の歴史の一幕を飾るにふさわしいテストケースだったのである。

まさに東ティモールに統治能力はなかった。東ティモール側にCNRTという政治団体はあった。しかしCNRTには統治経験がない。これまで独立闘争に明け暮れ、ジャングルの中でインドネシア軍を相手に戦ってきたものに統治能力を求めること自体無理がある。

したがって、国連に求められたのは、紛争当事者の間に入って中立的立場から停戦を維持することではなかった。国連がそういう中立的立場に固執していれば、治安維持能力を欠く国内はやがて混乱に見舞われ、東ティモールは文字通り破綻国家の道を歩むことになる。

そこに求められているのは、統治能力を欠く東ティモールの当事者に代わり、国連が統治を行うことだったのである。

UNTAETは、かつてポルトガル総督が、そしてその後インドネシア総督が指揮を執ったコロニアル風建物に陣取る。ブラジル人デメロが国連事務総長特別代表としてこの建物から統治の陣頭指揮を執った。

国連安保理はその歴史始まって以来、ＵＮＴＡＥＴに立法、行政、司法のすべての権限を与えた。しかし問題は国連にも統治の経験がなかったことである。統治とは豊かな行政経験、政治手腕があって初めて可能になる。国連は、停戦のための兵力投入の経験はあった。しかし、国に乗り込み政府に代わって統治する経験はなかった。国連がこの分野に手を伸ばし始めたのは１９８０年代末のナミビアのケースからである。それからまだ10年しか経っていない。その間わずかの経験しか積んでいない。ここまで統治の全権を与えたことはない。デメロの試みは従って、国連にとりその力量を試されるテストケースとなったのである。世界中が国連の新たな役割に注目しつつその推移を不安な面持ちで見つめた。

国連は何から手をつけるべきか。

ゼロからスタートする統治

実際、東ティモールには「何もなかった」。

国連が活躍した他の事例、例えばコソボには、内線で国内が荒廃したとはいえ、戦火がやんだとき統治機構に従事する人はいた。統治の経験もあった。統治のための資料も残っていた。統治のための機関もそこにはあった。

東ティモールにはそのすべてがなかった。

政府の中で働ける人がいなかった。インドネシア統治時代、すべての政府機関の要職はインドネシア人が占めた。東ティモール人はその下で手足となって働くだけだった。警察幹部はインドネシア人だった。官僚組織の上層部はインドネシア人で占められていた。東ティモール人はその下の下級職員、使い走りの職が与えられただけだった。

したがって、東ティモール人に統治の経験はない。ジャングルで独立闘争を繰り広げた独立闘争の勇士にその経験があろうはずもない。それでもポルトガル植民地時代と違って高等教育を受けたものは少数ながらいた。インドネシアの高等教育機関に進んだもののもわずかながらいた。東ティモールから逃れ、オーストラリア等で高等教育の機会を得た者も少数ながらいた。そういう意味で人材が皆無だったわけではない。しかし、それらは東ティモールに戻ろうとはしなかったし、そもそもそういうレベルの者の数は圧倒的に限られていた。

要するに人材は払拭していた。

統治のための書類はすべて民兵が焼き払った。橋梁の長さ、構造、川幅から道路の幅、内部構造に至るまで資料はすべて存在しなかった。唯一それはインドネシアに残されたのみであった。統治機構は何も存在しない。否、統治機構どころか、銀行はない、郵便はない。したがって、国連が東ティモール人職員に給料を払うにしても銀行がなかったし、銀行が存在するために必要な銀行法もなければ通貨すらなかった。国連が本部と連絡するとして書類を郵送する手段もなかった。

国連は東ティモールに代わりみずからが統治の主体となった。空港ではＵＮＴＡＥＴのスタンプが押された。銀行法は制定され通貨も米ドルを採用することが決定された。

しかし、国連が乗り込み、あたかも進駐軍のように振る舞うことは、当然東ティモール人の反発を生む。実際、ＵＮＴＡＥＴがコロニアル風旧ポルトガル政庁に陣取る様は、あたかもかつて日本でＧＨＱが皇居を望む第一生命ビルに乗り込み、そこから全国を統治した様を思い起こさせる。そこで国連はまず４人の国連スタッフと11人の東ティモール人代表により構成される東ティモール国民協議会（National consultative Council）を発足させた。デメロ特別代表と東ティモール人代表とで構成するこの委員会が、統治のための最終的決定を下すこととされた。

こうしてＵＮＴＡＥＴはＰＫＯ活動を開始した。２００１年８月には憲法制定のための憲法制定議会選挙が実施され、フレテリンが88議席中55議席を獲得、議会の実権を握った。新憲法は2002年3月に公布、4月、大統領選挙にてグスマンが大統領に選出、5月、独立宣言、UNTAETはUNMISET（国連東ティモール支援ミッション）に衣替えの上、それまでの「統治」から「支援」へと役割を変更した。2005年5月、国連ミッションはさらに縮小、国連PKOおよび国連警察が撤退し数十名規模の文民、警察アドバイザーからなる小規模ミッションが編成された。

事態はこのまま安定化に向け推移するかと思われた。

新たに生じた2006年の騒乱

その矢先の2006年4月、東ティモールは再び騒乱の渦に巻き込まれる。誰もが予想しなかったまさかの暗転。国連は安定を確信し、PKOを引き揚げ文民主体の小規模ミッションにまでその活動を縮小した、その矢先である。

ことは、軍の一部兵士が、西部出身者は東部出身者に比べ差別されているとし、その待遇改善を求める嘆願書を提出したことから始まった。嘆願書提出の兵士が駐屯地を離れたことに対し、軍幹部およびアルカティリ首相は軍紀違反としこれら兵士に解雇を言い渡したが、これが瞬く間に火の手を燃え上がらせる結果となった。嘆願書に同調する一部警察と政府指揮下の軍との間で小規模の交戦が始まり、それを受け、一般市民千数百人が暴徒化、町中に火をつけて回った。軍と警察は交戦状態の中、すでに治安維持機能を担う力はなく、東ティモール政府は国連に治安維持軍の派遣を要請、ただちにオーストラリア主体の治安維持部隊が結成され東ティモールに派遣された。暴徒はこれを見て沈静、事態は収拾された。この騒乱の結果、37名死亡、150人以上負傷、15万人以上住居喪失の惨事がもたらされた。国内は難民であふれ町の中心地、ホテル・ティモール前広場は難民キャンプと化した。

関係者にとっては大きなショックであった。安定化に向け順調に滑り出していたかに見えた国内情勢は、実は多くの脆弱性を抱えていた。国内は東西に分断、若者の失業がうなぎ登りに上昇、国民は平和の配当にあずかっていない。何より、市民が簡単に暴徒と化し、1999年の国民投票後の民兵主導による無差別焼き討ちが再現されたことはショックであった。東ティモール人は何かあると容易に興奮、暴徒と化し火をつけて回る、あの民兵の残虐行為は独立を巡る特殊な状況で発生した例外的行為ではなかった、東ティモール人の心の中に潜在的に容易に暴徒と化す何かがあるのではないか、2000年の国土が焦土と化した悲劇が東ティモール人の心にトラウマとして残り、何かあるとすぐそれに火が付き無差別な破壊行為に走るのではないか、人々はそうした懸念を強めざるを得なかった。

東ティモール政府で、暴徒と化した一般市民を制圧できなかった。確かにあっという間の火の広がりであった。政府も、よもや市民がこれほど簡単に暴徒と化し破壊行為に出ようとは考えていなかった。その意味で、東ティモール国民が置かれている不安定な心理的状況を正しく認識していなかった。さらに、仮に認識していたとして、これを押さえ込む力が政府に残されていなかった。軍から不満が出、軍と警察があいまみれて交戦すれば政府が治安維持能力を維持しようもない。国民はそれを見て政府に統治能力なしとして暴徒化した。その程度の治安維持能力であった。政府のそれまでの統治に対する自信は霧散し、もはや事態収拾にあたる気力は残っていなかった。

国連関係者にとっても騒乱は予想外の出来事だった。２０００年のＵＮＴＡＥＴ展開以降、事態は順調に推移していた。史上希有な平和構築の成功事例として人々は東ティモールを称えていた。それが、思いもよらぬことから騒乱に発展、あっという間に再度のＰＫＯ投入になろうとは誰が予想したであろう。ＰＫＯ再投入は国連のそれまでの治安維持活動が不十分であったことを示し、国内の安定がまだ信頼に足るものでないことを示す。それにも拘わらず国連は、すでに国内は安定したとしてＰＫＯミッションＵＮＴＡＥＴを撤退させ文民主体の小規模ミッションに衣替えした。明らかな判断の誤りと言われてもしょうがない。かくて平和構築の自信はあえなく消え去ることとなった。

事態を受け、国連はオーストラリア主体の軍を再投入、その上で改めてUNMIT（国連東ティモール統合ミッション）を結成し、国連警察1600人、国連文民スタッフ350人の大規模ミッションを展開することとなった。

アルカティリ首相は責任をとって辞任、ラモス＝ホルタ外相が首相に横滑りした。2007年、総選挙実施。ラモス＝ホルタが大統領に、また、フレテリンが65議席中21議席を獲得する。しかしフレテリンは第一党の座を手中にしつつも第二党となったCNRTが連立に成功、グスマンCNRT党首が首相の座に就いた。

しかし事はこれでは終わらない。なんと三度目の混乱が発生したのである。UNMITの展開から2年が経過した2008年2月、今度はラモス＝ホルタ大統領とグスマン首相の暗殺未遂事件が発生、首謀者は2006年事件の逃亡者レイナド少佐およびそのグループであった。ラモス＝ホルタ大統領はただちにダーウインへ搬送、懸命な手当の甲斐あって一命を取り留めた。グスマン首相への犯行は未遂に終わった。

レイナド少佐は射殺、事件に関与した者10名余りが投降、非常事態宣言は程なく解除され事態は収拾された。

２０１２年のＰＫＯ撤退

東ティモールには「二年間隔危機説」がある。

２００２年の独立後、２００４年には東部で暴動が発生、２００６年にはディリで騒乱が勃発、国連東ティモール統合ミッション（ＵＮＭＩＴ）が改めて展開され、２００８年にはラモス＝ホルタ大統領およびグスマン首相（当時）の暗殺未遂事件が起こる。人々は２０１０年を迎えるに当たり、今度は何が起きるのかと身構えた。結局２０１０年は何事も起こらず翌11年を迎えたが、このことは東ティモールが独立後いかに不安定な中に10年余りを過ごしてきたかを物語る。実に２００８年まで東ティモールは「騒乱にまみれた東ティモール」だったのであり、東ティモールという言葉は、世界の人々に「紛争（conflict）」という言葉とセットで受け取られたのである。

２０１２年、大統領選挙（第一回投票および決選投票）および国民議会選挙が実施され、三度の全国選挙が平和裏に終了したのを見計らい、ＵＮＭＩＴはその年末日をもって撤退することを決定した。むろん、国連とて東ティモールが完全に安定したとの確信があって撤退を決めたわけではない。２００８年からまだ4年しかたっていない。

しかし関係者の間では、東ティモールを巡る楽観的見方が支配的だった。ハクＵＮＭＩＴ

特別代表は事態を評し「cautiously optimistic」、すなわち懸念が完全に払拭されたわけではないが十中八九安定に向かうだろうという。

しかし東ティモールは国連PKOの規模を大幅に縮小した矢先の２００６年、再度の騒乱に見舞われ国連は再び大規模なＵＮＭＩＴ投入に追い込まれたではないか。今回また同じ事態になる恐れはないといえるのか。楽観的見方をする根拠は何か。

東ティモール人の安定への思い

ハクＵＮＭＩＴ特別代表は２点を挙げる。

東ティモール人に紛争を繰り返してはならないとの強い決意があること、および、現在のグスマン政権下で東ティモール社会に大きな不満の充溢が見られないことである。

少し詳しい説明がいる。

前者に関し、ある国会幹部は筆者に対し、東ティモール国民はもう紛争はこりごりだと思っている、と打ち明けたことがある。東ティモールは２００２年に独立を果たしたものの国内は安定せず、ひっきりなしに内紛を繰り返した。社会は荒廃、人心は乱れた。こんな状態はもう十分だ、何はさておき安定を求めたい、というのが国民の一般感情だ、という。

また、東ティモールはこの間国際社会の支援を受け独立後の国造りにあたったが、２００６年にＵＮＭＩＴ投入を経、今度国連軍撤退後にまた争乱を起こし、国連ＰＫＯの介入を招くようなことがあれば、自分たちは国際社会から見放されてしまうだろう、との強い危機感がある、という。

したがって、自分たち国政を預かる者は一様に、悲劇を二度と起こしてはならないとの決意で一致している、今度ばかりは、党派を超えて国の安定を確保しなければならないのだ、と強い決意を打ち明ける。

こういう危機感は特に国の指導者層に強い。「指導者層は、騒乱を再び起こしてはならないとの決意で一致している」（ハクＵＮＭＩＴ特別代表）のである。

アルカティリ政権からグスマン政権へ

後者に関し、２００６年と２０１２年とを比較して、時の政権に対する不満の程度が根本的に異なるとの見方は、ハク特別代表のみならず関係者一般に共有されていた。

２００６年の首相はマリ・アルカティリであった。アルカティリ元首相は現在野党フレテリンの幹事長として同党を代表する。

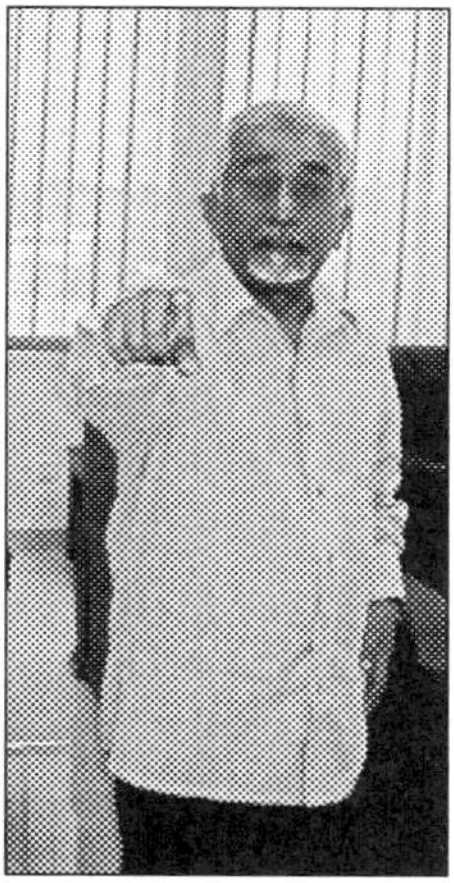

アルカティリ元首相

レバノン移民の血を引くイスラム教徒のアルカティリは、小柄で身長は150センチ余りしかないが、眼光鋭く相手を刺すように見つめる様は鋭利な刃物を思わせる。実際、頭脳明晰という点ではアルカティリの右に出るものはないとされ、会談に際し矢のように息つく暇なく繰り出される統計数字は驚きでしかない。筆者も初めてアルカティリを挨拶に訪れた際、矢のように浴びせられた統計数字には舌を巻いた。

アルカティリを巡る逸話には事欠かないが、首相当時、国会答弁に際し閣僚答弁をことごとく退け、すべて首相たるアルカティリが一手に引き受け答弁したという。ある政界関係者は「アルカティリにとり他の全ての者が馬鹿に見えた」という。実際行政手腕はめざましく、今、東ティモールの国家財政を支える石油基金は彼の手になる。なお、この基金は、その透明性において高い評価を受け Revenue Watch Institute による資源ガバナンス指標2013(RGI：Resource Governance Index）は、これを透明度世界5位にランク付けしている。

アルカティリにとり問題は国民の人気にあった。人気が今ひとつ伸びない。一つにはアルカティリの醸し出す雰囲気が原因だったろう。ニコリともせず仕事をてきぱき片付ける有能な行政マンを見て、国民は頼もしいというより威圧感を感じた。

もう一つは、アルカティリの実施した緊縮政策に原因がある。緊縮政策といっても当時国庫には金がなかったのであり、支出したくても支出できなかった。

その頃、石油収入は今ほど潤沢ではなかった。アルカティリも金さえあればグスマンと同じことをしたかった、しかし当時はそれができなかった、アルカティリは自分ができなかったことを今、グスマンがしているのを見て苦々しく思っている、との見方もささやかれる。

いずれにせよアルカティリは石油基金を創り、全石油収入の3％を上限に政府財政への繰り入れを認める仕組みを作った。残りは主として米国債による運用とし、石油資金が安易に使われることを防ぎ将来石油が枯渇した際の蓄えとしたのである。まさに有能な行政マンの面目躍如たるところだ。アルカティリが目指したのは、現在の果実ではなく将来の果実である。限られた原資は将来を見据えた国造りに使わなければならない、というのがアルカティリの信念であった。

しかしこれが国民にとっては、「しわい指導者」との印象を与える。

アルカティリは、明治の元老大久保利通に、また戦国大名の石田三成に通ずるところがあるかもしれない。

第三に、何より重要なことは目指すべき政策の違いである。

アルカティリはどうして現在の果実より将来の果実を優先させたのか。そこには国造りに関する考え方の根本的な違いがある。

フレテリンは独立後、政策の方向性を定めるに際し、国民の半分が一日0・88ドル未満で生活するこの国の貧困を解消し、衛生、教育を充実、もって国民全体がよりよい生活を享受できるようにすることこそが最重要とした。国の政策はこの一点に集中されなければならない。実際フレテリンの努力もあり、例えば人間開発指数は0・375（2003年）から0・445（2007年）へと一気に改善するのである。しかし一般に言って、フレテリンの政策では、国民が果実を実感できるようになるまで長期の時間を要する。フレテリンが言うことは確かに正論である。しかし国民には、アルカティリは正論ばかり吐いて国民の生活をちっとも楽にしようとしない、我々は、長きにわたり独立闘争を戦ってきた、その間、国民はインドネシア軍の圧政に苦しめられ、抵抗すればただちに連行されていった、今ようやく独立を勝ち取った、さあ、明日の生活は楽になるぞ、との強い期待があったにもかかわらず実際には以前同様何も変わらない、独立後もう何年も経つのに生活はちっとも楽にならないではないか、一体政府は何をやっているのか、との不満が次第に鬱積していった。こういう声を前にしては、アルカティリの正論は霞んでいかざるを得ない。国民はきれいごとを求めていない、明日の美しい生活より今日の生活の糧だ、そういう声が国民の間に渦巻いていったのである。

これに対し2007年以降政権の座に就いたグスマンはより現実的であった。グスマンが実施したインフラ重視政策は、電気が通じ、道路が改善されるといった具合に国民が成果を肌で感じとることができる。

しかしより重要なのが退役軍人等への年金給付であった。この直接給付ほど国民が独立の成果を実感できるものはなかった。何せ現ナマが手に入る。この現ナマが個々の国民にとり、いかに巨額の収入であったか追って明らかにしようと思うが、とにかくその効果たるや絶大であった。

かくて、アルカティリからグスマンに政権が代わり、グスマンがこれらの施策を実施していくにつれ、国民の支持はみるみるアルカティリのフレテリンからグスマンのCNRTに移っていった。国民はグスマン政権の方向性を支持したのである。

ハク特別代表が述べた、国民の間に大きな不満の充溢が見られないとは、このような状況を述べたものである。

グスマン首相の横顔

グスマンはアルカティリとは対照的な性格である。

アルカティリがどちらかといえば陽気さに欠け、怜悧、合理的、仕事の効率性重視という側面を持つのに対し、グスマンは、天性の明るさ、人の心をつかむ巧みさ、万人を抱擁する暖かさを持つ。人はこの人物に接すると、自分が特別大事にされていると感じ、安心感を得、幸福感を感じる。グスマンにほほえみかけられると人は警戒心を忘れ、すべての囲いを取り払ってしまう。そういう魔力がこの人物にはある。

東ティモールでは式典が頻繁に行われ、盛大な食事が振る舞われることがたびたびある。そういう時、通常幹部クラスは別室に集まって食事をとるが、ふと見るとグスマンの姿が見えない。どこにいるかと探してみると、広い式場の一角に人だかりがし、何やら妙な盛り上がりだ。近づいてみると、グスマンが応急にしつらえられた舞台らしきものに登り、しきりと何か訴えている。訴えてはいるが、これは演説というものではなく、グスマン一流のエン

伝統的衣装をまとったグスマン首相

ターテイメント。グスマンが一言発するたびにワッと歓声が沸く。天下一品の話術、万人の心をとらえて離さない人心掌握術。グスマンはそうやってひとしきり会場を沸かせた後、やにわに演壇を降り、近くにいた若い女性の手を取ってダンスを始める。観衆はやんやの喝采だ。若い女性は照れながらもまんざらではない。自分はあまたの女性の中からグスマンに選ばれた。もうそれだけで心は満足感で一杯だ。取り囲む観衆は、女性に軽い嫉妬を覚えながらも、グスマンのそうした気安さに、我らが宰相との印象を持つ。その間グスマンは食事を一切口にしない。ひとしきり観衆を沸かせた後、食事もとらず次の予定に向け立ち去っていくのである。ここまで大衆サービスに徹した人は東ティモールには他にいない。ある閣僚はこういうグスマンを見て、自分にはまねできないという。あれはグスマンだからできることであり、他の者がやっても様にならないのだ、と筆者に漏らすのである。天性の人たらし、生まれながらの政治家。我が国で言えばなんといっても豊臣秀吉だろう。

東ティモールは２００７年以降、こういう指導者に率いられることになった。グスマンは精力的に全国を回る。社会が何となく明るくなり、全国民の支持がグスマンに向かう。グスマン政権の求心力はこれまでにないほどの高まりを見せる。

その結果は、次回、２０１２年総選挙ではっきりした形を見せた。グスマンのＣＮＲＴは選挙で圧勝、実に65議席中30議席を獲得し第一党の座を獲得、連立の結果、与党は40議席を占めた。

これに対し政権奪還を目指したフレテリンは大きく敗北、25議席獲得にとどまった結果、第一党の座を明け渡したばかりか連立を組む相手も見つからず次の5年間、再び野党の冷や飯を食う羽目になった。

東ティモール社会を根本的に変えた要因

アルカティリからグスマンへの交代は社会の空気を大きく変え、それまで東ティモール社会を覆っていた重苦しい空気を吹き飛ばした。ハクＵＮＭＩＴ特別代表が「社会に不満の充溢が見られない」とした背景にはこういう事情がある。

しかしもう一つ重要な事実を忘れてはならない。そしてこれこそが、今の東ティモールを理解する鍵に他ならない。オイルマネーである。

東ティモールの南の沖合、オーストラリアとの間のティモール海に石油が眠っているとして開発が始められたのが１９９０年代末であった。１９９８年にはエラン／カカトゥア／カカトゥアノース油田が生産開始、その後バユウンダン（主に天然ガス）、キタン（主に軽油）と続き、現在これらを主体にさらに新たな鉱区開発が進められている。

既述の通り、アルカティリ前首相は、石油採掘から上がる収入が安易に浪費されないよう、石油基金（Petroleum Fund）を創設、石油基金法を制定の上、埋蔵量の３％をＥＳＩ（Estimated Sustainable Income, 持続可能な収入見込額）とし毎年の使用上限に設定、その範囲内でのみ毎年の予算に繰り入れ使用することを認めることとした（ただし、議会承認がある場合は３％を超えることができる）。

この石油基金の創設、運用に際してはノルウェーの支援があった。

この石油基金が目立った累積額を記録し、同時に国庫繰り入れが顕著な増加を見せ始めたのが２００７年頃である。

２００６年に10億ドルだった石油基金の積立額は翌２００７年、21億ドルと倍増、その後順調に積み増しし、２０１４年5月末現在１６８億ドルにも達している。

その間、財政支出も大幅に増加、２００７年には２億ドルだったものが２０１２年には20億ドルにふくれあがった。財政収入に占める石油基金からの引き出し額も２００７年の１億ドルから２０１２年の15億ドルへと伸びる。

つまり「２００７年から２０１２年までの５年間に、石油基金残高が５倍強に増加、石油基金からの引出額を15倍に増やした結果、財政支出は10倍に増えた」、という計算だ。東ティモールの場合、元々財政規模が小さかったとの事情があるにせよ、５年間に10倍増という膨張が人口１００万強の国にとりいかに重要な意味を持ったかは改めて言うまでもない。

その結果、ＧＤＰ（資源収入を除く）も５億ドル（２００７年）から13億ドル（２０１２年）に増加、資源収入を含めれば、18億ドル（２００７年）から40億ドル（２０１２年）と、２倍強に増えた。また、一人当たりＧＤＰは２０１１年が統計として最新だが、資源収入を含めて２９３４ドル（２００７年）から５１７６ドル（２０１１年）へとすでに中進国のレベルに達し、資源収入を除いても５５３ドル（２００７年）から１００７ドル（２０１１年）へと、とうとう１０００ドルの大台に乗せた。(2) 後者はたった４年で倍増である。東ティモールの人口を１１８万として計算すれば、２０１４年の一人当たりＧＤＰは、３５５１ドル（含む資源）、１４９７ドル（除く資源）となる。ＡＳＥＡＮの一人当たりＧＤＰ（２０１３

石油基金積立額および国家予算の推移

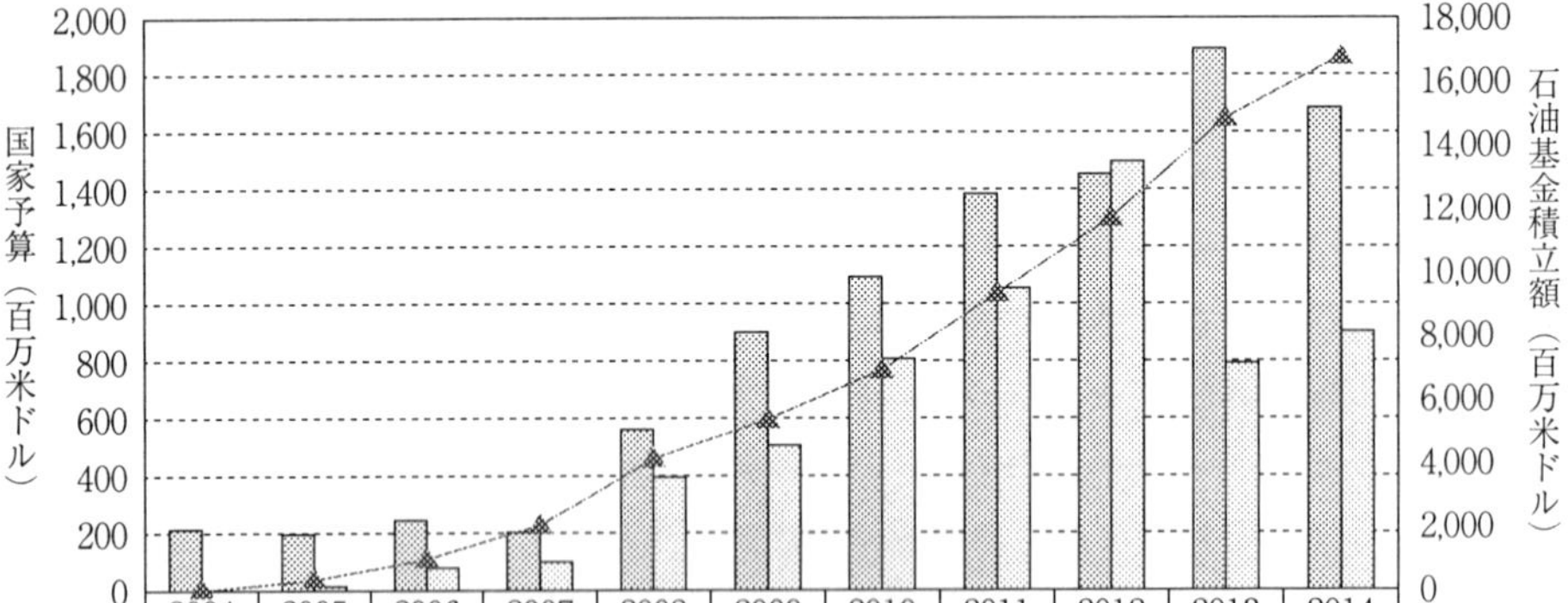

2004	2005	2006	2007	2008	2009	2010	2011	2012	2013	2014
218.5	197.0	247.4	213.5	564.0	901.8	1,094.7	1,379.8	1,451.2	1,892.3	1,684.9
0	13	84.6	100.5	396	512	811	1,055	1,494.9	787	902.9
0.0	370.2	1,011.8	2,086.2	4,197.0	5,376.6	6,903.9	9,310.3	11,775.3	14,852.0	16,800.0

※2014 年の石油基金積立総額は 5 月時点。

- 国家予算（援助含む）
- 国家予算のうち石油基金からの引き出し額
- 石油基金積立総額（月例レポート 12 月時点）

出展：在東ティモール大使館作成資料。

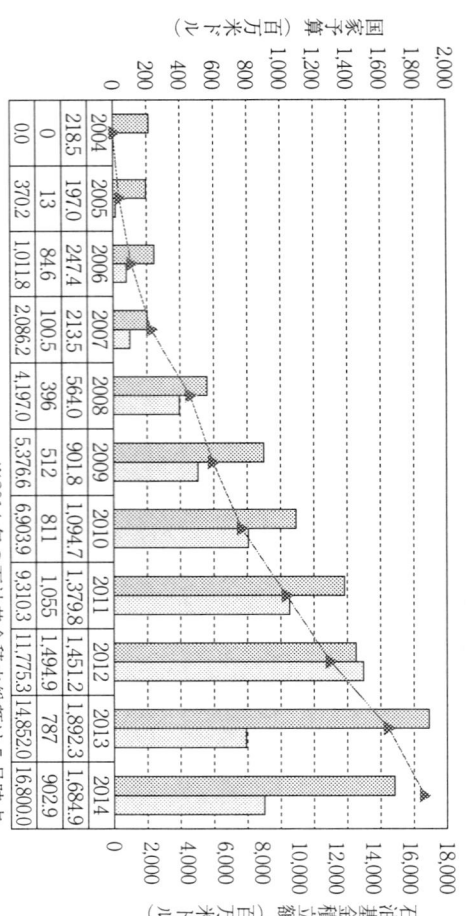

年）は１９０２ドル（ベトナム）、１４７７ドル（ラオス）、１０１６ドル（カンボジア）、８６９ドル（ミャンマー）であり、この数字からいえば東ティモール（除く資源）はすでにラオス、カンボジア、ミャンマーを抜いている。中国ですら１０００ドルの大台を超えたのは２００１年頃にすぎない。

なお、国家予算20億ドルの４分の３に当たる15億ドルは石油基金からの繰り入れである（２０１２年）。残りの５億ドルも石油基金を元手にした政府プロジェクト受注企業からの税収が主であることを考えると、東ティモールの財政はほぼ全面的に石油、天然ガスに依存しているといえよう。東ティモールは、このところ毎年10％前後の高い成長を続けているが、高度成長のコントロールに中央銀行が果たす役割はない。ＧＤＰのレベルはもっぱら政府プロジェクトと石油基金からの繰入額を決定する国会が決めているのである。

オイルマネーによるインフラの更新

国家予算の内訳を歳出面からもう少し細かく見てみよう。

２０１２年国家予算は20億ドルだが、このうち２・４億ドルは援助で使途が限定されているからこれを除くと、17・６億ドルが国が自由に使える金額になる。このうち10・５億ドルが「開発資本」に当てられているが、開発資本とは主にインフラをいうので、実に国家予算の6割がインフラ整備に向けられていることになる。

その結果、町の外観がみるみる改善されてきた。首都ディリでは、空港から市中心部へはコモロ川を横断しなければならず、ここを渡る橋はこれまで一本しかなく、朝夕のラッシュ時には大変な混雑だった。しかも、事故、事件があってここが通行できなくなると、人々は外との唯一の玄関口である空港への通行を遮断される。

ここに2013年および14年、約1年の工事で二本の橋が建設された。今や人々はラッシュを経験することなくスムーズに橋を通行している。

このような光景は市内のあちこちに見られ、枚挙にいとまがない。海沿いに広がる広大な面積の一角はあっという間に市民の憩いの場の公園に整備された。今や、夕方ともなると、夕日に染まる日没の海を見ながら談笑するカップルがそこかしこに見受けられる。あるいは、これは政府のインフラプロジェクトではなく民間投資によるものだが、ティモールプラザというショッピングモールがやはり1年ほど前にオープンし、週末ともなるとどこから集まるのかと思うほどの人でごった返す。このモールの中にいる限り、もはや最貧国のイメージはない。さらに、財務省は10階建の総ガラス張り高層ビルを建設、2014年CPLP

ショッピングモール「ティモールプラザ」外観

（ポルトガル語圏共同体）首脳会合の際、セミナーおよびレセプション会場としてお披露目された。さらにこの後には、インドネシア企業による26階建て高級ホテル建設が続く。

ただし、こういう賑わいは今のところ首都のディリに限られる。地方を回れば相変わらずの極貧生活である。電気は多くのところで24時間供給が実現した（ただし政府発表とは異なり実際には夜間のみ供給というところが多い）が、道路、水道、住宅等生活の基本的部分は独立前と変わらないか、むしろ悪化しているところが多い。悪化するのは独立後のメンテナンスができていないからである。政府はこのような状況を改善すべく、道路整備を行い、地方分権を進め、特に遅れている地方の一つである南部開発を進めようとしている。

さらにはディリですら、表通りは整備されつつあるとしても、ちょっと脇道に入ったところでは極貧そのもののバラックが建ち並ぶ。

つまり、開発は面にならず、まだら模様でしかない。政府が開発に着手したといっても、その効果が全体に及ぶまでにはまだまだ時間がかかるのである。そういう留保はつけた上での話だが、オイルマネーがこの国のインフラを猛烈なスピードで一新しつつあることは疑いを入れない事実である。

抜群の政治的効果を持った直接給付

さて、実はオイルマネーの持つ意味はインフラ投資だけにあるのではない。もう一つの分野こそが決定的に重要である。

それは、国家予算の1割に計上されている直接給付である（1億9000万ドル。2012年国家予算の11％）。

中身は、退役軍人、寡婦等、生活扶助を要する者への直接給付であり、現在、退役軍人および遺族年金、高齢者年金、障害者年金、学費支援の4種類の制度が運用されている。

月の給付日ともなると銀行の前が長蛇の列をなすが、これは口座から給付金を引き出す人の群れに他ならない。このうち退役軍人および遺族年金だけで社会保障予算の半分（約8000万ドル）が当てられ2012年には、3万7000人が受給した。受給希望者はなお多く、現在10万人が申請中とされる。

東ティモールでは独立闘争に国民の多くが関わった。直接武器を持って戦った者はいいとして、間接的支援を通し関与したものをどこまで給付対象に含めるか、政府としては頭の痛いところである。給付を受ける側からすれば、給付対象に認定されるか否かは死活問題である。

東ティモールの地方を回れば、実情は上述の通りまだ極貧の生活が繰り広げられ、椰子の葉を敷いたヤシ拭き屋根に粗末な壁をつけただけという家屋が広がっている。床は土間だ。わずかに真新しい電線が張られ、近代化の予兆がかすかに感じられる。

ところが、驚くのはそういう集落の所々にパラボラアンテナが真新しい姿で立っているのである。椰子の葉の藁葺きの横にパラボラアンテナが林立する風景、これは何ともチグハグである。極貧の者に現金収入はないはずだ。生活は自給自足である。それがどうしてパラボラアンテナを立て衛星放送を受信できるのか。不思議に思って尋ねると、政府から退役軍人年金の支給を受けている、という。かくて、ようやく電気が通ったばかりの家が、早速テレビを買いパラボラアンテナを立て衛星放送で飽食にわく先進国の実情を目の当たりにする。それはそれで新たな社会問題を生み、これについては追って詳しく論じてみたいと思うが、少なくとも年金支給が極貧の国民の生活を一変させたことは疑いない。

ラモス＝ホルタ前大統領が、２０１２年選挙で全国を走り回っていたとき筆者に漏らした言葉だが、全国を遊説していて有権者からよく聞かれるのは、今の政権が変われば今受給している年金は廃止されるのだろうか、ということだ、自分は、これは政府の制度なのだから、首相がグスマンであれ誰であれ支給は続けられる、と説明するが、いくら言っても有権者は納得しない、皆年金はグスマンが配っているのだと信じ込んでいる、とため息をつきながら述べたのは興味深い。国民はグスマン首相が年金制度を開始し、おかげで生活が楽になったが、それは、グスマン首相個人に起因するものであり、グスマンが首相を辞めれば年金支給は廃止になると思っているというのだ。これではグスマン首相に支持が集まるわけである。

このような現金支給を可能にしたのがオイルマネーの存在に他ならない。すでに述べた通り、アルカティリも「自分も潤沢な石油収入があればグスマンと同じことをやっていた」と言うが、そうなれば事態は変わっていたかもしれない。つまり今の東ティモールの安定がより早く現実のものとなっていたかもしれない。

少なくとも現在の東ティモールの安定がオイルマネー抜きに語れないことは事実であろう。換言すれば、もしオイルマネーがなかったとすれば、いかに国民が混乱を繰り返してはならないと心に誓ったにせよ、東ティモールがこれほどまでの急速な安定を成し遂げられたかどうか、恐らく今もって脆弱国の域を出なかったのではないか、と思われるのである。

オイルマネーの存在が人々の旺盛な消費を可能にし、また、オイルマネーの存在が、企業サイドに明日も消費が上向くだろうとの楽観的な経済見通しを与える。「現政権に対し国民の不満の充溢がない」との判断の裏には、オイルマネーの潤沢な流入による東ティモール経済の全体的な底上げという実態があると言わざるを得ない。

ここでいう経済の全体的な底上げとは、政府によるインフラ投資だけではない。直接給付を通じた消費の喚起もまた経済の好循環を生む重要な要因となっていることを見逃してはならない。

国際世論の喚起と国際社会の支援

２００２年の独立前後から国際社会は東ティモールに対し手厚い支援を行ってきた。この点は改めて強調されて然るべきである。現地世銀事務所の計算では、東ティモールは国際社会からこの12年間（２００２年～２０１４年）で、実に80億ドル(3)の援助資金を受け取ってきたが、これはアフガニスタン等一部の例外を除けば突出した金額だったからである。

しかし東ティモールは初めから国際社会の目を引きつけたわけではない。東ティモールが、支援という形で破格の金額を国際社会から引き出すことに成功したのは、何より東ティモールが国際社会の人道問題として世の中の人々の注目を集めたことが大きい。そしてその裏には東ティモール側のたゆまぬ努力があったのである。

１９７５年のインドネシア侵攻後、東ティモールは、かたや、ジャングルにこもりゲリラ闘争を続け、かたや、国際社会にインドネシアの非を訴える運動を続けた。国際社会への訴えは、主としてニューヨークの国連を舞台に行われ、その役を担ったのはラモス＝ホルタ前大統領であった。しかしラモス＝ホルタの訴えに国際社会は初め耳を傾けることがなかったのである。

東ティモールが国際社会の注意を引くことに成功したのは、インドネシア統治が始まり15年余りも経過した１９９１年、サンタクルス虐殺事件の映像を世界が目にしてからといってよい。これを機に、国際社会の関心が集まり、インドネシアの圧政に非難が集中していく。

そのあたりの事情を、ラモス＝ホルタ前大統領は回顧してこう言う。

「長い間、自分は金もなく、ニューヨークの片隅でうらびれた生活をしていた。国連を舞台に東ティモールの主権回復を訴えたが反応は冷たかった。当時は冷戦のさなか。東南アジアの片隅の小さな島で何が起きようが、そんなことは国際社会にとりどうでもよかった。

それが１９９１年のサンタクルス虐殺事件を機に空気が変わっていく。自分の訴えに国際社会が耳を傾け始めたのだ。自分は必死になり東ティモール人の惨状を訴え続けた。

その後１９９９年のニュージーランドにおけるＡＰＥＣ首脳会議が一つの山になる。自分は現地に飛び、その会議に出席するクリントン大統領に直接訴えようと考えた。当時も自分の生活は極貧だった。ニュージーランドに行くにも金がない。しかし、後先を考えてもいられない。こんなチャンスは滅多にない。大統領が国内にいるときはなかなかアクセスが難しい。国外に出た時こそがチャンスだ。金のことは何とかなると思い定め飛行機に飛び乗った。幸い、経由地の先々で支援者のカンパを得ることができ、自分は何とかニュージーランドにたどり着いた。さて、現地でクリントン大統領に会えるかどうか、これに全てがかかっていた。自分は、ホテルの一室で息を殺して電話機の前に座り続けた。やがて電話のベルが鳴った。大統領はお会いする用意があると言っています、との米国政府高官の声だった。ああ、独立が見えてきた、と思った。」

東ティモールのその他成功要因

植民地時代の終焉を迎え、世界には多くの独立国が生まれた。しかしその独立後の歩みは平坦だったわけではない。否、独立は果たしたものの、国を統べる組織もなく、統治の経験もなく、国を支える産業もなく（あるいは植民地体制下の産業は多くが撤収してしまい）国をいかに運営していくか、途方に暮れるところも多かった。その多くはいわゆる脆弱国として世界に放り出され、テロ、麻薬等の温床となり、常に内戦の危険を抱え国際社会の「脆弱部分」として不安定化要因であり続けた。「脆弱国家」がそれなりの安定を確立し、何とか独り立ちするには多くの年月が必要だったのである。

こういう中、東ティモールが独立後10年そこそこで安定を達成したことは快挙と言っていい。

では何がこの特筆すべき「成功事例」をもたらしたか。

すでに述べた通り、平和構築という先例のない試みに挑んだ国連のたゆまぬ努力、国民の「紛争を繰り返してはならない」との決意、潤沢に流れ込み始めたオイルマネー、国際社会の手厚い支援、がその主たる要因であったことは疑いない。しかし東ティモールはこれらの要因に加え、さらにいくつかの幸運に恵まれたのである。そのいくつかをここで考えてみよう。

第一に地理的要因が重要である。

後に詳しく述べるが、もし東ティモールがアフリカ大陸にあり紛争当事国に囲まれる環境にあったらどうか。周辺の紛争当事国からは不断に戦闘要員が流入し、また国内に搬入される武器の数々は東ティモールを不安定な状況に置いたであろう。逆に東ティモールが、新興著しいＡＳＥＡＮに隣接し、歴史的経緯はともかくもインドネシアと特別な紐帯を維持し、開発資金、技術支援を仰げる環境にあったことは決定的であったと言わざるを得ない。

第二に、地理的空間的環境はそうであるとして、では時間的環境はどうであろうか。つまり、東ティモールの独立が冷戦期に行われていればどうだったろう。

元々、東ティモールに対するインドネシアの侵攻は、冷戦真只中、東ティモールがポルトガルから独立しその共産化を恐れたインドネシアが米国の了解の下に行ったとされる。よって、冷戦が続く中でインドネシアから独立することは恐らく困難だったろうと思われるが、仮に独立できたとして、そのときの東ティモールを巡る環境はどうだったろうか。推測するにその場合、アフリカの各地で見られたごとく、東ティモールを舞台に両陣営の代理戦争が繰り広げられた可能性が高い。ゲリラ側は共産主義を標榜していたのであり、これを支援する共産主義陣営とインドネシア等自由主義陣営との間の紛争があり得たと思われるのである。その場合、両陣営から大量の武器が運び込まれ紛争が先鋭化していったかもしれない。いずれにせよ国内の不安定化は避けられなかったのではないか。

第三に、民俗、宗教との関係である。

東ティモールが異なった民族、宗教間の紛争ではなく、同一宗教、同一民族間の内戦であったことは東ティモールの紛争に決定的な意味を持つ。

東ティモールは、インドネシア撤退後、純粋に民族、宗教を同じくする東ティモール人同士の争いとなった。ここに東ティモールの悲劇がある。東ティモール人自身が、親インドネシアと反インドネシアに分かれ殺戮を繰り広げたのである。それが同じ共同体内の、あるいは同一親族間の殺戮にまで発展し、独立達成後今に至るも人々の心情の上で癒しがたい傷となって残る。

この点に関し、ある東ティモールの国会議員がいみじくも述べたことであるが、その議員が言うには、自分は、インドネシア側について自分の親族を殺し、西ティモールに逃げていった者を今もって許すことはできない、政治的には和解の必要性は理解する、したがってそれらの者と和解もしよう、しかし、それはみずからの心情においてそれらの者を許すことではない、心情的には、どうやっても許すことはできない、恐らくすべての者が同じ心情だろう。その議員はそう言いつつ苦しげに下を向いた。

実際、独立を達成した後、東ティモールは揺れに揺れた。それが国連軍の二度にわたる投入につながった。国内が、主として東西の（東は西が容易にインドネシアの侵攻を許したとして非難）、あるいは、軍・警察間の（軍は抵抗組織のファリンテルを再構成、警察はインドネシアの影響下にあった）、あるいは有力政治家間の（主としてアルカティリ対グスマン）分断に発展し、その分断が時とともに先鋭化していった。東ティモールはごく最近まで「一体」ではなかったのである。

東ティモールにおいて、心の奥底にまで及ぶ深い傷はそう簡単には癒されない。

しかし他方で、異なる民族、宗教間のどろどろの対立はここにはなかった。人々はそこに新たな国造りに際しての一筋の光明を見出すのである。以上については節を改めさらに詳説する。

第四に、やはり強調しておくべきはこの国の指導者の質の高さであろう。

植民地闘争を戦い独立の英雄と目されながら、いざ独立を勝ち取り国造りを始めた途端、政治に行き詰まり、結局国民から見放されるケースは少なくない。その典型はジンバブエのムガベ大統領であろうが、ムガベは独立闘争の英雄だったのである。それが今や見る影もない。南アフリカで反アパルトヘイト闘争が闘われ、多くの英雄が輩出された。マンデラ元大統領をはじめ、多くの傑出した指導者がアパルトヘイト撤廃後の新生南アフリカを率いた。しかし与党ANCには汚職の噂が絶えず、指導者としての質が問われる例も少なくない。

それに比し、東ティモール独立闘争の第一世代は際立っている。みずからが血と汗を流し勝ち取った独立である。ちょっとやそっとのことで壊してなるものか、とのほとばしるような気概が随所に感じられる。この点においては寸分の疑いもない。国造りをいかに行うか、その路線に違いはあるとしても、インフラ整備、産業育成、人材育成、貧困撲滅等、この国に山積するあらゆる問題に全力を挙げ取り組まなければならないとの点で、グスマン、アリカティリ、ラモス＝ホルタ、ルアクら、独立闘争第一世代の信念には何らの揺るぎもないのである。

２００７年総選挙後、選挙に勝利しつつ連立で敗れたアルカティリは憲法上の疑義を言い立てずいぶん法律論争をやったが、結局は暴力的に対峙することはなかった。この２００７年選挙が民主的に政権交代を成し遂げたことは大きな意味を持つ。

時は２００６年騒乱の直後。東ティモールの政情は極めて脆弱であった。アルカティリは、２００６年の騒乱で政権から追い出された直後であり、その怨念から、選挙と連立の結果に対し徹底抗戦することも考えられた。

しかしアルカティリはそれをしなかった。彼は民主主義のルールに従ったのである。彼のこの行動は、石油基金創設と並ぶアルカティリの二大業績と評してもいい。

近年の汚職の蔓延は、独立闘争第一世代が大きく危惧するところである。他国の例で、解放闘争の英雄がつまずく最もありふれた原因が富の私物化である。東ティモールでも汚職が進み、石油資金が私腹化され、一部有力者が富を蓄積していく事実を第一世代は苦々しい思いで見つめている。それは苦い思いであろう。場合によっては東ティモール自体が蝕まれていくかもしれない。第一世代にとり、何とかしなければならない、との思いは強い。

第五に、国連は平和の確保に長い苦難の道を歩んだが、その経験が東ティモールに生かされたことを指摘しておこう。

冷戦の終結がＰＫＯの歴史に新たな一ページを加える。それまで冷戦構造の下で抑えられてきた民族間対立が一気に表面化する。至る所で繰り広げられる紛争は多くの人命を奪った。情報革命の進行は、これを茶の間に映像として持ち込み、世界中で民族浄化、大量虐殺を何とか食い止めなければならないとの機運が持ち上がった。国際社会は、紛争当事国が治安能力を欠く場合、民族浄化や大量殺人から市民を守るための「保護責任（Responsibility to Protect: R2P）」を負うとの考えだ。それまで冷戦構造の下、柔軟な対応が叶わなかった主要国の兵力がこういった紛争に比較的柔軟に使用できるようになったとの面もあった。かくて、国際社会に「人道介入」の考えが芽生えるのはこういう時代の要請が背景にある。しかし実際には「人道介入」の歴史は苦難の連続であった。冷戦終結後、ＰＫＯが大きな挫折を味わったのが１９９２年から94年にかけてのソマリア、ルアンダ、旧ユーゴスラビアＰＫＯである。国連の介入が遅きに失し大きな被害を生んだ。その苦い経験が95年のボスニア危機におけるＰＫＯ活動の転機を経て、１９９９年の東ティモールおよびその後のシエラレオーネ、リベリア、コートジボアールに生かされていくのである。

苦い経験から国連が得た教訓として政治学者のウエスタンとゴールドシュタインは４点を挙げる。(4)

第一は、兵力の投入は限定的であってはならず、然るべき規模を一気に投入しなければならない。1992年、国連はアンゴラに選挙監視のため500人規模を投入し失敗した。その反省の下、東ティモールでは初めからオーストラリア主体の1・1万人の兵が投入された。

第二に、国連決議の可決には時間がかかる。まずは近隣の軍を投入し、PKO投入の国連決議がなされた後、それをPKOに吸収するのが賢明だ。東ティモールでは、まずはオーストラリア主体の多国籍軍が投入され、それがUNTAETに吸収されていった。

第三は、国際社会の世論対策である。PKOは必ずしもすべて順調に進むわけではない。過去多くの失敗例は、何らかの問題が生じたときそれに国内世論が動揺、政府が世論に抗し切れず撤退等に至っているのである。

そして第四がトランジッションの重要性であり、投入の早い時点で明確なトランジッションプランを策定しておくことが重要である。

東ティモールに対するUNTAET投入に際しては、こういった点に関し細心の注意が払われた。

これに加え、長年国連でPKO業務に携わってきたアーメッドはさらに以下3点の重要性を指摘する。(5)

第一に、UNTAET投入の時にはすでに騒乱は収まりを見せていた。インドネシア兵は町を破壊し尽くした上で撤退したのであり、これに呼応した親インドネシアの民兵は西ティモールに逃走した。残った者もUNTAETの大規模兵力投入を見てひとまず矛を収めたのである。したがって、UNTAETは両陣営が激しい戦火を交える中、任務を開始したのではなかった。

第二に、独立闘争を指揮したグループは、グスマン指揮下に統一されており、UNTAETの登場を歓迎したのである。つまり、UNTAETには紛争国側のまとまった支持があった。

第三にUNTAETは安保理から統治の全権を委任されてはいたが、その執行にあたってはできる限り東ティモール側を巻き込んだ決定を行っていった。これは必ずしも安保理が予想したことではなかった。むしろ現場の指揮を執ったデメロ事務総長特別代表の判断によるものであった。これが、UNTAETに対する東ティモール側の支持をさらに確かなものにしていった。

アーメッドはPKOの成否を決めるのは、治安維持および紛争処理の機構をいかに整備するかである、そしてそのためには、国内諸勢力間のパワーシェアリングをいかに設定するかに尽きるのである、という。東ティモールでは、上記の通り、国内のまとまった支持があったこと、UNTAETが国内諸勢力を可能な限り巻き込みながら意思決定を行っていったこと等によりこういった条件が比較的よく満たされたことがPKO活動の成功につながったと言えよう。

東ティモールPKOは過去の失敗例から学んだ教訓を踏まえ実施された。その成功の影にはこういうPKOの歴史があるのである。

第2節　東ティモールの現在を考える八つの視点

東ティモールはこのようにして独立後の安定に成功した。現在の状況を分析し、今後の政治経済の動向を占うに際しては、いくつかの側面に注目することが重要である。

(1) 2012年を境としての国内政治の安定と与野党協調体制の確立

東ティモールの内政は与野党が協調関係にあり、安定しているといってよい。しかしここに至るまでには紆余曲折があった。そのあたりの事情を見ておこう。

東ティモールは独立後国内治安の不安定期を経、ようやく数年経ったあたりから安定に向かった。治安から見れば2008年が分水嶺だったといえよう。独立以降2008年までは東ティモールは常に動揺を繰り返していたのだ。

1999年、独立を巡る国民投票の結果が明らかになり東ティモールは国を二分しての騒乱に巻き込まれ国連PKO派遣に至る。2002年UNTAETより立法、行政、司法の権限委譲を受け東ティモールは独立、国内は安定するかに見えたが、2006年再び軍・警察の対立を経て国内は騒乱状態に、一時縮小された国連PKOは再び規模を拡大してUNMIT設立へ、そして2008年の大統領、首相暗殺未遂事件へと至る。

つまり東ティモールは独立以降常に治安が揺らいでいた。

しかし国内は2008年の暗殺未遂事件を最後に安定期に入る。以後、国内はしばしば投石事件に見舞われ、また2012年総選挙後ディリ市内が一時騒然とし軍の出動もあったが、総じて治安は沈静化、国内は落ち着きを取り戻していった。

他方、国内政治の面から見ると、安定はそれより若干のタイムラグをもって訪れる。2002年の独立後、アルカティリが首相にグスマンが大統領にそれぞれ就任し、実力者を配置した新政府の土台は盤石かに見えた。しかし内実は脆弱性を孕んでいたのである。

アルカティリ首相は、有能な行政マンとしての手腕を発揮、国連PKOの協力を得て着々と安定化のプロセスを進んでいるかのようであったが、国内は、地域間、親インドネシア派と独立支持派との間、軍・警察間、大統領・首相間等、各種の対立が解消されることなく残っていた。アルカティリ政権の期間、この対立は解消されなかったのである。

その対立が頂点に達したのが２００６年の騒乱であった。結局この騒乱は、政治的にはアルカティリが退き、以後グスマンが前面に出て収拾にあたる。しかし背後に退いたアルカティリないしフレテリンは、これ以降グスマン政権との対決姿勢を強めていく。

２００７年の総選挙はフレテリンが第一党の座を確保しながら連立の形成に失敗、政権はグスマンの手に転がり込んだが、これに対しても、フレテリンは憲法上疑義ありとして長く反発しつづけた。この頃の議会は与党連合と野党フレテリンの対決の構図として理解される。

フレテリンにしてみれば、独立後の基礎を築いたのは自分たちだとの自負があったであろう。グスマンは次第に国民の支持を集めていっているようだが、それは自分たちが築いた土台の上で政権運営をしているだけだ、そもそも自分たちが政権の座にあったときは潤沢な石油資金はなかった、もしあったとすれば自分たちもグスマンと同じことをし、国民の支持を得ていたであろう、グスマンはたまたま良い時に政権を取った、運に恵まれただけだ、との思いがある。

実際２０１１年の時点では、筆者がアルカティリと話すと、アルカティリのグスマン政権に対する攻撃は執拗を極めた。曰く、グスマンは国民生活を考えない、幹線道路は整備しても生活に密着した道路はなおざりだ、国民の貧困は一向に改善されない等々、数字をあげ矢継ぎ早に説明してくる。確かに有能かつ怜悧な行政マンだけあって、その頭脳明晰たるところ余人の追随を許さない。何と言ってもすべての統計数字が頭に入っているところは驚きだ。あれだけ矢継ぎ早に統計数字を繰り出し立て板に水の説明を受けると、これに反論するのは容易でない。有能な自分が今野党に甘んじているのは、単に時宜を得なかっただけ、運が悪かっただけだとの思いが、さらに政府攻撃を激烈なものにしていた。

かくて、フレテリンはグスマン政権のありとあらゆることに反対し、徹底して野党の立場を貫いた。

しかしその姿勢に変化が見られ出したのが２０１２年総選挙後である。

この選挙でフレテリンは政権奪回を目指し巻き返しを図ったが失敗。今度は第一党の座すらもグスマンのＣＮＲＴに奪われてしまう。そしてこれを機に、与野党対決の構図が解消、与野党協調関係に入るのである。

2013年、その予算審議はあっけないものだった。与野党の激しい応酬は息を潜め、あれよあれよという間に審議を了し予算が採択されてしまった。予算のコンセンサス採択は東ティモール歴史始まって以来の出来事である。採択後しばらくは議会関係者に会うたびにこの話で持ちきりだった。これがいかに注目すべき事件であったかがよくわかる。

では一体フレテリンに何があったのか。

まずはフレテリンが急速に人気を失ったことが重要である。

2007年の時点でフレテリンは未だ絶大な支持を誇っていた。政権の座から降りたのはグスマンの連立工作が成功したからに過ぎない。フレテリンは下野したものの自分たちが第一党であるとの意識は依然強かったのである。

ところが2012年、第一党の座はCNRTに取って代わられた。国民はフレテリンでなくグスマンを支持した。国民経済全体の底上げを図るとの主張とそれを基にしたフレテリンのグスマン政権への対決姿勢は国民の支持を得られなかった。最早対決路線の破綻は誰の目にも明らかだった。国民は、対決より安定を、そして安定の後の豊かな生活を求めたのである。

それは国民の変化であっただけでない。変化はフレテリンの中でも起こった。

フレテリンは元々独立を目指し組織された。２００２年、独立がなったところで設立の目的は達成された。それ以降、フレテリンが掲げる理念に従い国造りが行われてきた。しかしフレテリンの路線と国民の要求は次第に齟齬を生じてくる。国民はグスマンの路線により共感を示すようになってきたのだ。

それにつれ、フレテリンの中でも変革を求める声が次第に勢いを増していく。現幹部への批判である。アルカティリを初めとする現幹部が党を率いている限り、国民のさらなる支持は望めない、との声が、主としてフレテリンの次世代リーダーの中から盛んに聞こえるようになってきた。とうとう幹部も党内の声を無視できなくなる。

さらに、フレテリンの中に「より豊かな生活」を求め、宗旨替えする者が現れ始める。特にフレテリンの地方幹部の中には、いたずらにグスマン政権に反対するのではなく、むしろこれに同調し政府プロジェクトのうまみに預かった方が得だと考える者が出てきた。「対決から安定へ」、「安定からより豊かな生活へ」の流れがフレテリンの中をも侵し始めた。東ティモールの空気が変わった。それがとうとうフレテリンをも巻き込んでしまったのだ。

フレテリンのこのような変化を見てグスマンも攻勢を掛ける。フレテリンのルオロ党首とアルカティリ幹事長の抱き込みである。２０１４年、東ティモールではポルトガル語圏共同体の首脳会議が開かれた。東ティモール始まって以来の華々しい国際舞台である。その組織委員長にグスマンはルオロ党首を据えた。

他方、東ティモールは対外投資を呼び込むべくオエクシ県に経済特区を設定。その責任者にはアルカティリ幹事長があてられた。この経済特区は今後の東ティモールの行方を占う重要なプロジェクトである。成功すれば東ティモール経済の起爆剤になるし、失敗すればこれまで通りの天然資源依存型経済が続くしかない。こういう重要なプロジェクトを任されアルカティリは俄然張り切った。何と言っても石油基金を考え出した有能な行政マンである。経済特区のしきり役として、これほどの適任はない。2014年の訪中ではアルカティリはグスマンに同行、中国から経済特区創設の指南を受けた。他方、ギニアビサウは今グスマン政権が最も力を入れ支援している国だが、そこにも両者がそろって訪問、現地のラモス＝ホルタ国連事務総長特別代表と併せ、かつての東ティモール三巨頭が勢揃いすることになった。かくて、野党フレテリンの指導部はグスマン政権と二人三脚で事に当たることになったのである。

2012年、それは東ティモール政治の明らかな区切りであった。

現在の東ティモール政治はこのように、独立以降まれにみる与野党協調体制の下にある。

（2）民主主義と総選挙、対話集会

ＰＫＯの平和構築に際し、いかに民主主義を根付かせるかは大きな課題だ。往々にして紛争国はこれまで民主主義の経験がない。民主主義の制度が確立されていないだけでなく国民にそういう意識がない。制度を作るだけなら比較的容易かもしれないが、意識変革となると至難といわざるを得ない。国民に民主主義とはどういうものか理解させるのは大変な難題である。

東ティモールも長い植民地時代を過ごし民主主義の経験がない。独立し、いきなり民主主義が導入されても、果たしてうまく機能するだろうかとの危惧があっても不思議でない。

しかし実際には驚くほどうまく機能している。それは制度としての民主主義が機能しているというだけでなく、国民の意識レベルで民主主義がうまく受容されているようなのである。その裏には一体何があるのか。それは東ティモールのみが持つ何らかの特質によるのか、あるいは他のＰＫＯのケースにも適用できる何らかの要因があったのか。総選挙と対話集会にその謎を探る。

(a)　総選挙

ＰＫＯの任務終了に際しトランジッション（権限移譲）がいかに重要かは触れた。紛争当事国への権限移譲を誤るとそれまで築いてきた安定が一気に失われかねない。２０１２年、トランジッションを前にＵＮＭＩＴが東ティモールの安定を確信した最も大きな要素が同年実施された3回の選挙であった。東ティモールは、全国レベルの総選挙を3回実施、その3回とも平穏かつ公正に実施されたことは、ＵＮＭＩＴをして権限移譲に踏み切らせる大きな判断要因となった。

筆者は、そのうちの一回を日本政府派遣選挙監視団団長として監視活動に当たった。そこでの印象である。

筆者が訪れたのは、ディリ市内の学校。朝9時頃に訪れたとき、すでに有権者は長い列を作って並んでいた。東ティモールの有権者意識は高い。１９９９年国民投票の際は98・6％もの国民が投票した。２０１２年、投票率はそこまでは高くなかったものの74・78％もあった。

学校の各教室にはそれぞれ数個の投票用紙記入台がしつらえられている。

有権者のチェックを済ませ指にインクで目印をつけた有権者がそれぞれ記入台に進む。こ

投票所

のインクは特殊塗料で製造されており数日間は洗っても落ちない。このインクを付けたものは投票済みとみなされる。

用紙には候補者の名前が記載されてあり、そこに有権者が穴を開ける仕組みだ。穴が開けられた用紙は投票箱に投函される。

午後、開票。これが東ティモールならではのものである。

つまり開票に際し有権者の監視が認められる。有権者は窓の外に鈴なりになって開票を見守る。係の者が投票箱を開け、投票用紙を一枚ずつ読み上げる。それを黒板の候補者の下に書き入れていく仕組みだが、それが衆人環視の下で行われるのである。中には、穴の開け方が不鮮明でどこに開けたのか判明しずらいものもある。その場合、係員は窓の外の

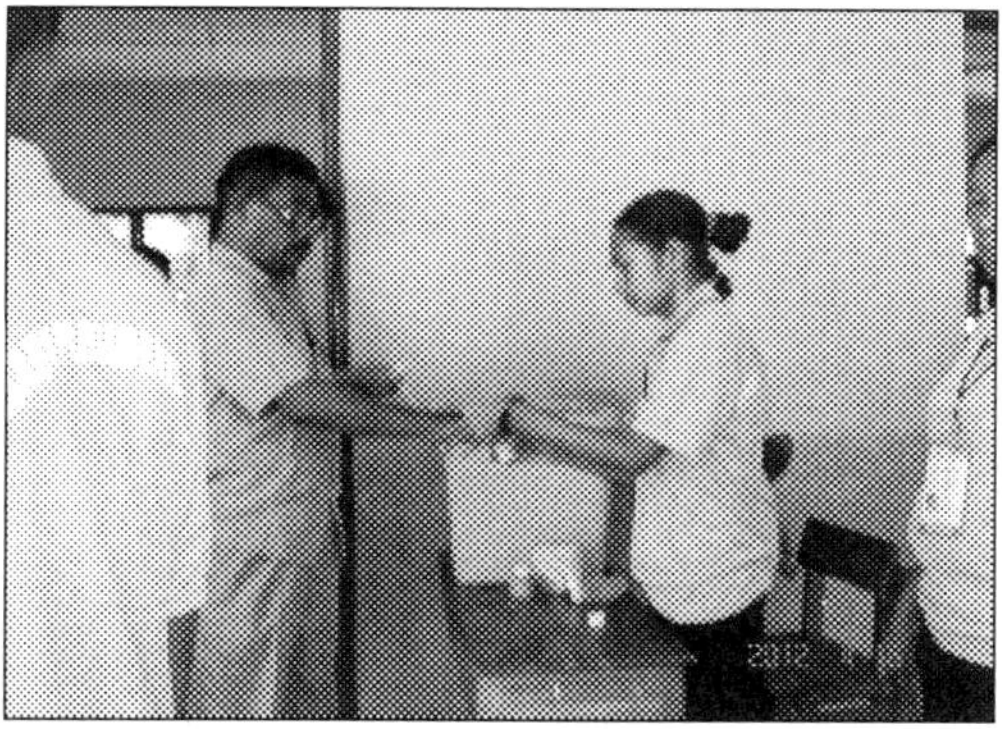

投票済の印として指にインクがつけられる

有権者に見せながら穴の開き具合を判定していく。有権者はその過程で自由に意見を言うことができる。その他、さまざまな疑義がある場合、係員はその都度みずからの考えを有権者に説明する。するとそれに対し窓の外から有権者が反論を述べるのだ。東ティモールの人々は多弁である。有権者は待ってましたとばかり、ああだこうだと口々に反論し始める。中には、反論が熱を帯び感情が激する場合もある。それでも、係官は根気よく耳を傾け、みずからの考えるところを有権者に説明していく。

これは誠に民主的な選挙というべきで、監視団として参加し強い印象を受けた。

これだけ衆人環視の下で行われる選挙では不正はまずないだろう。何らかの操作があれば、それこそ有権者から袋叩きに合う。開票の係も真剣だし、窓の外に鈴なりになった有権者も少しの不正も見逃すまいと目を光らせる。こんな熱気に満ちた開票作業はない。

選挙事務には日本がＵＮＤＰと協調し車両およびコンピュータを供与した。そのコンピュータが開票事務の効率化に大きく寄与、大勢はその晩の内に判明しテレビで報道された。車も通らず、ヘリコプターで投票用紙を運ぶしかないとされる選挙区が全国にあまたある中のこの迅速な開票作業は、筆者にとりもう一つの大きな驚きであった。

２００７年に引き続き、大統領および国民議会選挙としては2回目でしかない東ティモールの総選挙が、かくも成功裏に終了したことは高い評価を得て然るべきである。ＵＮＭＩＴがこれをもって撤退条件満了と判断したのは故なしとしない。

選挙期間中、治安は問題なく、選挙後敗北したフレテリン関係者が騒ぎディリ市内が一時騒然としたもののすぐ沈静化した。選挙事務の繁雑さは上記の通りだが、道路事情劣悪の中の選挙にしては大きな滞りもなく実施されたと言える。以上はＵＮＭＩＴの支援があったればこそであり、その意味では国連のキャパシティーに支えられての選挙であった。しかしＵＮＭＩＴ関係者も述べているとおり、治安も、選挙事務もほとんどの部分は東ティモールみずからが行ったのであり、今回の成功は東ティモールみずからの努力によるところが大きい。その意味で東ティモールは今回の選挙の成功を大いに誇っていい。

一般に紛争当事国にＰＫＯが投入され治安維持には成功しても、政治の民主化にははるかに長い時間がかかる。なまじ選挙を急ぎ過ぎたため、その結果が当事者が受け入れるところとならず、かえって騒乱に火を注ぐこともあることはアンゴラ等の例で明らかである。

東ティモールの場合、２００７年選挙において、敗者たるフレテリンは連立による政権樹立に異を唱えはしたものの、選挙結果自体は受け入れた。今回２０１２年選挙でも同党は敗北を認め結果にチャレンジすることはなかった。この点で、アルカティリの選挙後の態度は立派だったと言うべきだろう。

東ティモールの民主化は一般の基準に比べはるかに上をいっているようである。この国のメディアの活発な活動、前司法大臣逮捕にまで至る厳しい汚職対策等と併せ、民主化の進展がそれなりに進んでいるとみられることは、いい意味での驚きである。その成功のカギは有権者参加の開票作業あたりにありそうだが、住民参加の民主主義の実態をもう一つ対話集会を例にとってみてみよう。

(b)　対話集会

東ティモールの民主主義を語る最もよい材料は、政府首脳参加の下に行われる村民との対話集会だと言っていいだろう。筆者は、2013年にグスマン首相の地方分権促進に関する全国行脚に、また前年2012年に、ルアク大統領の地方行脚にそれぞれ同行する機会を得た。朝から晩まで寝食をともにした経験は得がたいものであり、強い印象を得た。

東ティモールは全国が13の県に分かれる。グスマン首相は2013年、その県庁所在地を約2週間掛けて一気に駆け巡った。行く先々で対話集会に出席、地方分権の必要性を遊説し、住民の意見に耳を傾け、終われば次の遊説地に移っていく。2週間の地方遊説は体力的にもかなりきつい仕事だ。

そのうちのある一日。朝8時、グスマン首相を待つ会場はすでに住民で満杯である。座れない者が建物の周りに立錐の余地なく立っている。会場は東ティモールのどこにでもある大規模ホールで、収容人員300ないし400名。風通しを考え、壁は元々なく開放空間にしてある。東ティモールは熱帯だが、屋根で太陽を遮蔽すれば風が入る限り室内はさわやかだ。ややあって、やにわに大音量のスピーカーからけたたましい音楽が辺りに響き渡る。と、

グスマン首相との対話集会

同上

思う間もなくグスマン首相の登場である。民族衣装に身を包み、伝統的な王族のいでたちだ。グスマン首相に続き大臣、副大臣他政権幹部10名ほども登壇。主催者挨拶、キリスト教儀式等が執り行われ30分ほどして、いよいよグスマン首相がマイクを握る。

ポロシャツ姿のグスマン首相は演壇には登らない。マイクを手にゆっくりと住民の間に歩を進める。静かにゆっくりと、言葉を選びながら少しずつ話し始める。しかし話の中身は地方分権の促進。お世辞にもやわらかい話ではない。これでは住民は飽きるにちがいない、どうするのだろう、と思って見ていると、やにわに会場を貫くような大声がこだまする。だんだんボルテージが上がってきたのだ。すごい迫力、会場が威圧されるかと思うほどの威厳。大音量で繰り出される話は、いかに住民一人一人が政治に関わっていくことが大切か、中央政府からもらうだけではいけない、まず住民みずからが働き、果実を生み、生活レベルを引き上げていかなければならない、そのために地方分権をする、中央政府の権限を地方に委譲するのは、住民一人一人に責任を持って義務を果たしてもらうためだ、そういう内容が会場一杯の大音量でいつ果てるともしれず鳴り響く。

グスマン首相は一度として演壇には登らない。あくまで場所は観衆の中。住民の中をあっちへ行き、こっちへ行き、片時も立ち止まらない、常に歩き回って住民に語りかける。首相と住民との距離は極めて近い。聞いている方はすぐ近くで首相の声がする。しかもその声たるや会場をつんざくほどの大声。時には、しっかりしろと叱咤激励もする。また、場合によっては、お前ら何やってんだ、と罵声が響き渡る。

しかし首相が話すだけではない。マイクはひっきりなしに住民に向けられる。これは住民参加型集会なのだ。住民はただ首相の話を聞かされるだけでない。首相に対し、ものが言える。会場を埋める大観衆に向かっても自分の考えを述べることができるのだ。

住民はいつ自分にマイクが向けられるかわからない。マイクを向けられれば何か言わなければならない。これでは住民が飽きることはない。

しかも、ここが重要な所だが、合間、合間に首相の巧みなユーモアが発せられる。それが実に絶妙なため会場は笑いの渦に包まれる。エンターテイナー・グスマンの面目躍如たる所だ。ブロードウエーのどんな一流役者もかなわない。人の心をくすぐりからめ捕るような話術。絶妙の間、緩急つけた音量、住民との丁々発止のやりとり、会場を笑いの渦に巻き込む能力。昔、NHKに名司会者がいた。その人が地方を回り公開番組の司会をすると会場全体が魔術にかかったようにその人の話術に吸い込まれる。グスマン首相の話もまさに魔術だ。しかしグスマン首相はゲリラの親玉。一体どこでそういう人心掌握術を身に付けたのだろう。どこでエンターテイナーの技を習得したのだろう。

東ティモール国民の飽きっぽさはいつも主催者泣かせである。ある外交団が音楽会を催したが、ものの30分もしないうちに会場がざわつき始めた。観客は立ったり座ったり、挙げ句の果てにはあちこち動き回りとても公演どころでない。この外交官は公演終了後、筆者に、東ティモールで文化公演を実施しても誰も聞いてくれやしない、と嘆いた。そういう話を随所に聞く。観客を1時間でも座らせておくことができれば成功とすらいわれる。そういう所での地方分権の話である。

しかしグスマン首相の対話集会は観客を飽きさせない。話術が見事であることは言うまでもない。声が大きく、迫力があることも事実だ。笑いも随所に交える。そして何よりの秘訣がこの住民参加型なのである。グスマン首相みずからが筆者に語ったところでは、これが東ティモールの観客を引きつけるコツだという。ひっきりなしにマイクを向ける。グスマン首相がクイズをするのだ。「なぜ地方分権が必要か」。住民が、地方の意識を高めるためとか、中央集権を改めるためとか、ありきたりの回答をするとその都度、首相の「違う」という声がこだまする。それをユーモアたっぷりにするものだから、住民にマイクを向けやりとりを重ねるうちに首相と住民がみるみるうちに一体化していく。極めつけは、正解者に配られる賞金だ。賞金は10ドル。出資者は同席の政府関係者。筆者も求めにより少額を出資した。そうやって集めた金を正解者に渡す。金が出るので会場はいやがおうにも真剣になる仕組みだ。

それを5時間。グスマン首相はその間一時たりとも座らない。常に会場の隅から隅までを歩き回る。たまにペットボトルの水を口に含む。たまに紫煙をくゆらせる。しかし後はしゃべりっぱなしだ。しかも大音量である。これでは次の日、普通の人なら声がつぶれ足腰立たずへばるだろうと思うが、グスマン首相はこれを2週間続けた。5時間というのは最低で5時間ということ。何せ首相は時計を持っていない！　話し出したら止まらないのだ。終わるまで話し続ける。したがって5時間にも6時間にもなる。対話集会というのは実は正確ではない。確かにマイクを向けられた住民に発言の機会はある。しかし内容はクイズだし、発言時間は一瞬だ。つまりこれは5時間にわたるグスマン首相のワンマンショーなのだ。

その間、驚くなかれ観客で席を立つ者は一人もいない。あの東ティモール人が、である。筆者はこれにずっとつきあって各地を回ったが退出した者を見たことはなかった。筆者自身、政治家の演説で時間を忘れ座り続けた経験はこれが初めてである。5時間はあっという間に経っていった。

しかも時間の経過とともに住民がグスマン首相と一体化する。住民が魔術にかかったかのようにグスマン首相の話に引きつけられていく。確かに「引きつけられていく」という言葉が適切である。

ある時、主催者側の会場設定が悪く住民の座席がテントの影にならないことがあった。炎天下に1時間が経過。さすがの首相もそこで演説を打ち切らざるをえなかった。昼食後、会場を体育館に移し続行。しかし腹が満たされ睡魔が襲ってくる頃だ。しかも午前中は炎天下の演説。会場の住民はしらけきっていた。対話集会開始後しばらくの間そういうシラーとした空気が会場を包む。筆者はさすがの首相もこれでは手の打ちようがないのではないか、と案じた。

しかし驚くなかれ、5分経ち10分経ち、例の調子でグスマン首相が演説を始め、住民参加型の対話が進められていく。すると何と、ものの30分もしないうちに会場に熱気がみなぎり始め、グスマン首相と住民との距離がみるみる狭まっていく。まさに手に取るように会場の雰囲気が変わっていくのだ。やがてグスマン首相と住民が一体化。時間の経つのも忘れ、人々はグスマン首相の話に聞き入り、差し出されたマイクを握り、首相から違うと言われ、そのたびに会場がワッと沸いて笑いの渦がこだまする。

5時間経って気がついてみると、始まったときのしらけた雰囲気は嘘のように消えていた。住民は終わってからも三々五々、興奮冷めやらぬように地方分権の是非を議論し続けていた。会場全体がグスマンの魔術にかかったのだ。

グスマン首相は長い間ゲリラの司令官だった。しかし実際に見る首相は物腰穏やかで、瞬時に人を魅了する魅力あふれる政治家だ。確かにあの人なつこい笑顔で話しかけられれば人は誰もが心を開く。話しかけられた相手は、自分はグスマンにとり特別なのだと思う。自分は特別な存在としてグスマンに見られている、グスマンと自分は特別な糸で結ばれている、と思う。そして大衆の心を掴むこの話術。それは話術というより魔術といった方がいい。大衆の心をとらえて放さない巧みさ。グスマンは司令官というより天性の政治家というべきなのだろう。

対話集会が終わると次はダンスだ。東ティモールの音楽が会場に流れグスマン首相を中心に皆が輪になってフォークダンスを踊る。5時間の魔法がようやく解けたような妙な陶酔感。そして一体感が皆を包み込む。

グスマン首相はこういうとき、決まって年配の婦人の手を取る。一緒に踊るのは年寄りの女性、式典でテープカットをするときも、歓迎式典で人と一緒に並んで行進するときも、グスマン首相が声をかけ傍らに引き寄せるのは決まって年取った女性か、あるいは子供である。

これはダンスの後の昼食の際も同じだ。5時間、首相の演説を聴いて腹はかなり空いてきた。別室に移り食事が供される。政権幹部招待客がビュッフェスタイルの昼食を皿に盛り、銘々席に着く。そのときグスマン首相の周りにいるのは決まって年取った女性か子供だ。この辺りにもグスマン首相の巧みな政治感覚が見え隠れする。

午後は一転して、午前の首相の話を踏まえ住民によるグループ討論だ。いくつかのグループに分かれ活発な議論が戦わされる。

こうして一日が終わる。夕食後部屋に戻り疲れ切った体をベッドに横たえると心地よい睡魔が襲ってくる。

翌朝、グスマン首相の警備担当、警察署長とたまたま一緒になる。首相は夕べはよく休まれましたか、と声を掛ける。

すると署長が言う。実は昨夜食事の後、グスマン首相は、修道院で孤児を30人ほども集め自分のゲリラ時代の話をしていました、いかに闘争が大変だったか、いかに独立に至る道が険しかったか、そしてだからこそ独立を何としても守り抜かなければならないか、グスマン首相はとうとうと語り聞かせていました、首相がベッドに入ったのは12時過ぎです、と。

筆者はルアク大統領の対話集会にも同行した。グスマン首相との対比で見るとルアク大統領の人柄が浮かび上がるようで興味深い。

東ティモール南部のスアイからさらに西に行った小さな町フォホレムにおける大統領と住民との対話集会出席のため、2012年末のとある日、早朝7時にディリを出発、西部国境沿いを一路南下しフォホレムに夕方5時に到着。途中、国境付近の警備隊駐屯地でイモの昼食をとったが、それ以外休憩なし。延々とがたがたの悪路を走り続け、5時に現地入りしたときはさすがに体中が揺れるようであった。ただちに歓迎式典を挟み対話集会へ。討議が終わったのが夜10時、引き続き夕食。一日のスケジュールを終え、教会の一室に引き上げたときは充実感と疲労でただちに眠りについた。

フォホレムの後、大統領はさらに地方を回り1週間後ディリに帰着する。大統領は選挙期間中もこういう日程で地方遊説を繰り返し、回ったところは100カ所を超えると言っていた。ちなみに、大統領5年の任期中の目標は全国400を超える村々をくまなく回ることのよし。2014年現在すでに半分以上達成したとのことである。

余談だが、大統領の地方行脚は難行である。大統領自身はジャングル生活24年の強者だが、同行の者が根を上げる。ある女性閣僚は大統領の地方行脚に同行し、その様子を、二晩野宿だったんですよ、シャワーもなく、トイレもなく、星空の下で寝るんですよ、と笑いながら筆者に打ち明けた。

対話集会自体はグスマン首相と比べだいぶ趣を異にする。時間は5時間と長さは同じであるものの、ルアク大統領のそれはワンマンショーではない。住民が次々と質問に立ちそれに大統領および同行の閣僚が粛々と答えていくとのスタイルだ。内容は、質問というより陳情というべく、あれしてもらいたい、これしてもらいたいと政府の対応を求めるものがほとんどだ。同行の大臣によれば、こういうとき政府サイドとしては、住民の要望に耳を傾けながらもこれまで政府が行った施策を縷々説明し、また住民サイドみずからがすべきことを指摘しなければならない、という。

そういうやりとりが5時間続くが、筆者が感心したのは、住民側も政府側も、実にとうとうと主張を述べることである。

メモ一つ見るわけでない。その弁論の巧みさには舌を巻いた。一般に東ティモール人は弁が立つ。こういう対話集会を見ていると東ティモール人は我々日本人よりも民主主義に向いているのではないか、とさえ思う。日本人が裏の根回しに長けているとすれば、東ティモール人は表立っての弁論だ。発言にてらいがない。誰もが臆することなく堂々と意見を述べる。それも一度話し出したら止まらない。少なくとも20分は話し続ける。しかも発言によどみがないのである。

いずれにせよ、グスマン首相との対比で言えば、こちらは、音楽もなければダンスもクイズもなし。ただ淡々と事務的に事が運んでいく。議論は活発である。そこになれ合いはなく、真剣そのものの対話が延々5時間続けられるのである。それは理想的な「対話集会」との印象であった。

集会が終わった後の夕食。ふと見ると別室で電気もない暗闇の中、ルアク大統領がただ一人皿に盛った食事をもくもくと口に運んでいる。筆者は黙って横に腰を下ろし、大統領と並んで暗闇が広がる窓の外を見やった。集会会場はまだ人があふれ喧噪の中にある。しかしここだけは静かだ。暗闇と静かさが二人を包む。やがて大統領がおもむろに口を開く。ここに至る日々のこと。ジャングルでの生活、闘争に明け暮れた日々。そういうことをぽつりぽつりと語ってくれた。大統領の真摯で敬虔な人柄がにじみ出るような時間であった。

曰く、自分は英語を正式に習ったことはない。しかし自分は聞くことに長けているようだ。ジャングルにこもり、盛んにラジオの英語放送を聞きそれで英語を覚えた。

ゲリラの生活は厳しい。一カ所にとどまることは危険であり、常に移動を強いられる。寝食ままならぬことも多く、寝るといってもむろん野宿だし、食べるといっても野草や木の根が主だ。武器では敵に勝てるはずもなく、したがって、ゲリラの最も重要な任務は、いかにして戦わず生き延びるかだ。そのうち時が来て戦局が変わる。そのときに生存していることが肝心なのだ。自分はゲリラ時代部下に国のために命を捧げよと強いた。今、自分は大統領になり、国民に、生きて国のために尽くせと言っている。言わんとするところは同じだ、等々。

ルアク大統領はまごう事なきゲリラの司令官である。コードネーム「タウル・マタン・ルアク（二つの鋭い目）」が示すごとく、兵士を死地に赴かせんとする、有無を言わさぬ威圧感がある。しかしそれに加え、ルアク大統領には修行僧の趣が観られる。朝は5時に起床、教会のミサ出席を習慣にする。フォホレムでもそうだった。みずからを厳しく律し、人にも国家への献身を求める。そして常に神への畏れがある。大統領は神とともに新生東ティモールを創り上げようとしているのだ。

(c)　東ティモールの民主主義

選挙を実施するだけでは民主主義は根付かない。多くの国が植民地主義から脱し独立を達成した後、選挙の実施には至りつつも民主主義を確立できずにいる。多くのアフリカ諸国でその例が見られる。一部には、民主主義は西欧が長い時間を掛け生み出してきたものであり、西欧社会における個人主義、人権概念、司法制度、官僚組織、権力抑制のための不断のチェック、市民社会の熟成等があって初めて根を下ろしうる、とする者もいる。

それにしては東ティモールはこの点でも希有な成功例である。一般に2012年の3回の選挙が成功裏に終了したことにのみ脚光が当てられるが、選挙だけで東ティモールの民主主義を語れるものではない。

すでに述べたごとく、この国ではメディアの活動が活発で、政府に対し常に監視の目が光っているし、汚職が蔓延しつつあることは事実としても、これをいかに防止するか、さまざまな工夫が凝らされていることは重要である。

しかし、より重要な点として3点指摘しておきたい。

第一がこの対話集会である。

主として大統領、首相によるこの種の対話集会はかなりの頻度で実施されている。特に大統領は、頻繁に地方を行脚、住民との対話集会を繰り返している。東ティモールは、人口100万強の小さな国である。その意味では、この種の対話集会が政治の健全な運営の上で大きな意義を持ちうる。先進国におけるごとく、単に中央における議会と、定期的に実施される選挙だけでは国民の要望を吸い上げ、不満に耳を傾けることは至難である。これを補うものとしての東ティモールの対話集会の持つ意義は十分強調されなければならない。

第二に、後述するごとく、東ティモールの生活は村落共同体が単位である。共同体内部は、伝統的風習が根強く残り、村民はその風習に従い強固な絆で結ばれている。それは一言で言えば村民の相互扶助組織である。したがって、国民は村民として、共同体の中で生活が保障される仕組みが備わっているのであり、民主主義が外から導入され選挙を通し国民の意思が反映されるシステムが作られても、その実態においては、昔ながらの相互扶助システムとしての村落共同体が重要な機能を果たしているのである。

東ティモールにおいて、民主主義は村落共同体に衣をかぶせたようなものと言ってもいいかもしれない。逆に言えば、このような村落共同体の強固な絆のないところに、いきなり民主主義を導入し選挙のみを実施しても機能しないかもしれない。東ティモールにおける民主主義の成功は、村落共同体の存在抜きには語れないのである。

第三に、縷々述べたこの国の経済が重要である。政治制度が民主主義であれ、権威主義であれ、経済が好調な時、国民は所与の政治制度を受け入れるものである。逆に言えば、経済が破綻に帰し、国民が明日の生活をも考えられないほどの惨状にある時、人は容易にファシズムの毒牙にかかるのであり、軍国主義が受容されるのである。現下の好調経済の下では、いかにフレテリンが政府批判を強めても国民は聞く耳を持たない。経済が順調な時、PKOが民主主義をやろうと言えば、紛争国国民は比較的素直にそれを受け入れるものだと言っていいいかもしれない。

最後に、学問的観点から東ティモールの民主主義をどう考えるか付言しておこう。国際政治の見方は大別し、リアリズム、リベラリズム、コンストラクティビズムに分けられる。

リアリズムから見れば、国連がPKOとして東ティモールに乗り込み、民主主義を確立するよう東ティモール政府に求め、東ティモール政府はそれに応じた、ということになろう。その裏にはむろん米国をはじめとする国際社会の意向（パワー）がある。

リベラリズムから見れば、東ティモール政府は、国造りに対する国際社会の援助を受ける立場から、国際社会が要求する民主主義を受け入れた、ということになろう。

コンストラクティビズムからすれば、東ティモールは国連との接触を通し民主主義についての価値観を学び、それをもとにみずからの民主主義に関する「規範」を形成したが、東ティモール社会には元々、民主主義にかかわる「規範」が存在したため、この国における民主主義の確立はより容易であった、ということになろう。

リアリズム、リベラリズムの観点はむろん否定しがたいが、より重要なのはこの場合コンストラクティビズムの観点であろう。

東ティモールは、後述のごとく村落共同体を基本とする。すべての生活はこの共同体内で処理され営まれてきた。そこには、後述の「罪の償い」に関する記述で明らかな通り、村人による「裁き」が存在する。また、さまざまな重要事項の決定は、最終的には村の長老、行政責任者、司祭が決定するとしても、その前段階には村人による合議がある。それは西欧的な民主主義そのものではないとしても、村民の意思が反映された意思決定様式という意味で一種の民主主義とみなすべきものである。そういう制度が東ティモールの村落共同体には「規範」として存在している。それは、村落限りのものであり、近代的な中央集権国家が想定する国家的領域のものではないが、そういう限定付きながら、この国には重要事項を民主主義的に決めるべきである、との規範が存在する。

国連ＰＫＯが民主主義の確立を求めたとき、リアリズムやリベラリズムのような側面はむろんあったが、より重要なのは、この国に元々民主主義的「規範」が存在していたということであろう。そのような規範が存在するとき、民主主義の導入はより容易なのである。

(3) 地域対立

独立後の数年、東ティモールはさまざまな対立を繰り返し揺れに揺れた。この国の国民の心はささくれ立っているのか、なぜこうもちょっとしたことでし烈な争いに火がつくのか、そういって嘆息する識者も少なくない。

その対立の一つが東西の地域対立である。この対立は解消されたのか。

東ティモールの人に聞くと、それはすでに過去の話であり、今は国民全体が一体となって統一されている、という。しかし、ことさらこう強調しなくてはならないところが、東西対立の根深さを物語るともいえるのである。実際、ラモス＝ホルタ候補は、2012年大統領選挙で、第一回投票後残った二人の候補がいずれも東部出身者であったことを問題とし、これでは西部の声が国政に反映されない、と主張した。

元々、東ティモールは、狭い島国ながら、急峻な山にさえぎられていることもあり各地方が独自の発達を遂げた。それぞれの地方はその地方ならではの特色を有し、それを自慢し、また他の地方から揶揄されることも多くあった。

例えば、バウカウはディリの東に車で1時間半も行ったところの、東ティモール第二の都市だが、この地方の人は商才に長け、ディリの市場でも商いに従事する者の多くがバウカウ出身者とされる。実際、彼らは利にさとく、目先が利き、機転を利かせ、商売に長ずる例が多い。これに対し、西部は一般に穏やかな性格とされ、実際1975年のインドネシア侵攻に際してはさしたる抵抗もせず、いとも簡単に侵攻を許してしまった、と今でも東部の者が憤る。ちなみに東部は長く抵抗し続けたわけである。なお、今のルアク大統領、レレ司令官はいずれも東部出身者である（グスマン首相は中央、マナツト出身）。

また、政治的には地域間の違いがより鮮明であり、バウカウ以東は野党フレテリンの牙城であり、東南部のビケケはガチガチのフレテリン信奉者のいるところとして名高い。

2012年総選挙後、フレテリン敗北を受けディリ市内が一時騒然とし、軍、警察の出動にまで至ったが、その時警官が発砲した弾がデモ隊の一人に当たり死亡する事件が起きた。その死亡した者が何とビケケのワトラリ出身であり、このワトラリというのはビケケの中でもさらに強硬なフレテリン支持者が集まるところとして有名で、UNMITを含め、関係者は一様に緊張したことがあった（結局事態はすぐ沈静化した）。

また、2006年の騒乱は軍、警察の待遇問題が騒乱にまで発展したものだが、その際、東西対立も絡み事態が先鋭化したとの経緯がある。

地域対立は政治の分野でより先鋭化した面はあるとしても、元々が地域の長い発展の歴史に根差すものとすれば、一朝一夕に解消するものではない。これをことさら取り上げ強調するのもどうかと思うが、しかし、東ティモールを見る際、今も忘れてはならない視点であることは事実なのである。

(4) 国民意識の変化と容易に消えないトラウマ

(a) トラウマの実態

24年にわたるインドネシア占領は、東ティモール人に大きなトラウマを植え付けた。占領の実態は長く国際社会の目から閉ざされていたが、1991年サンタクルス虐殺事件のビデオが公開されるに至り、国際社会の広く知るところとなった。その実態は今も市内の抵抗博物館や真実受容和解委員会展示スペースで閲覧可能であり、訪れる者に強い衝撃を与える。

中でも真実受容和解委員会が保存する当時の監獄は、当時の凄惨な実態を余すところなく伝え衝撃的である。

委員会の奥まった一角にひっそりとたたずむ、数個の狭く区切られた小部屋がその監獄だ。広さは畳1、2畳。窓もなく、扉を閉めれば部屋上部のわずかな空気孔を除き暗闇の世界に埋もれる。一角にしつらえられた便器は収容者全員が使った。収容人数30～40名。筆者はこの数を聞いたとき耳を疑った。わずか1、2畳のスペースにどうやって30～40名を収容できるというのか。卑近な例で言えば朝の満員電車だ。しかし、サラリーマンが1、2時間満員電車に揺られるだけでぐったりするところをここは24時間間断なくその状態が続く。しかも熱帯。寿司詰めの室内がいかなる状態であったか。部屋は立錐の余地なくむろん座ることすらままならない。

当時ここで監獄生活を送った者が今委員会で働く。それは地獄絵を通り越していた、という。収容は1、2日の短期でない。数年、長ければ10年を超える。しかし座ることもままならず、互いに肌をつけあってそれほど長期の監獄生活を耐え抜くことができるのだろうか。しかも角の便器からは糞尿が流れ出す。狭い室内は熱気が立ちこめうだるような暑さ。流れ込む風もない。食事はドアの隙間からわずかに差し入れられる粗末な食べ物。

監獄の壁は収監者の振り絞る心の叫びが所狭しと刻みつけられている。それしか心の内を訴える術がなかった。

さらに驚くのは、向かいの部屋だ。通常隙間なく閉じられるドアがここは下半分しかない。上半分は解放されている。説明によればそこには水が張られていた。収監者が中に入り腰まで水につかると電気が流された。電気ショックの拷問部屋だ。

電気ショックを受けたにせよ受けなかったにせよ、この狭い空間で生きながらえることは難しい。多くの収監者がここで命を絶った。その怨念が狭い小部屋に渦巻く(6)。

当時インドネシア軍は国体維持を第一とした。元々1万7000もの島が集まり、オランダ植民地の遺構を土台に統一国家として出発したインドネシアである。気を緩めれば国家は今にも分解しかねない。現にアチェ、パプアとそういう動きがないでもない。統一を死守するとのインドネシア軍の意識はいやでも高まらざるを得なかった。

かたや東ティモールはポルトガル植民地だった。インドネシアとはこの点でも違う。しかも1975年、ポルトガルから一度は独立を果たし晴れて自分たちの国を創り上げた。東ティモールにすれば、長い植民地の歴史の末にようやく勝ち取った独立との思いがあった。それが、何カ月もしないうちに再びインドネシアに併合されてしまった。抵抗運動が燃え上がるのは当然だったであろう。

これに対しインドネシア軍は強権をもって対峙した。インドネシア軍にすれば、ジャング

壁には囚われた人々の心の叫びが刻まれている。

ルにこもるゲリラもさることながら、一般住民でこれを支援する者も放ってはおけない。住民総出で抵抗運動が盛り上がれば東ティモール統治の実効性にも影響する。しかし実際には、ゲリラは頻繁に町に降りてきて住民の居住地に潜伏し生活の糧を得ていた。そうでもしなければ東ティモールのジャングルだけでは食糧確保は難しい。

インドネシア軍は協力者の摘発に血眼になった。住民の中で少しでもゲリラとの関係が疑われその支援者と目されたものは容赦なく連行された。

住民は常に恐怖状態にあった。いつ当局に目をつけられるかわからない。少しでもゲリラとの関係を疑われればただちにしょっ引かれる。密告もある。時が経つにつれコミュニティーが寸断されていった。やがて独立に際しての国を二分しての抗争。

この歴史が東ティモール人のトラウマになる。

東ティモール人に関し、一緒に仕事した経験を持つ外国人は、沸点が低いと評する。沸点が低いとは、すぐカッとなるということである。些細なことでプライドが傷つけられ、容易に感情を爆発させる。簡単に手が出、刃傷沙汰に及ぶ。そういう傾向があると関係者は口をそろえて言う。

しかしある日本人シスターは言う。自分が東ティモールに来た8年前、すなわち2000年代半ばの時点で、自分が家々を回り、話を聞くと、その表情に何かおびえたような陰が感じられた。何か落ち着かず、今にも何かに襲われるかもしれないというおびえがあった。それが最近、住民の家を回り、話をすると、住民の表情に明らかな変化がみられる。皆、表情が明るくなり何となく落ち着きが戻ったようにさえ思われる。やはり時の経過とともに人々の心に変化が出てきたのだな、と思う。

インドネシア統治時代、今日はこの人明日はあの人と、一人また一人、隣人が姿を消していった。住民にとり、それはいつ自分に襲いかかるかわからない恐怖だった。ゲリラのシンパかどうかというよりインドネシア軍にシンパと見なされるか否かが問題だった。一度捕らえられれば、後は何を言っても聞いてもらえない、拷問また拷問の日が待っている。そういう中に20年以上暮らし、いつしか恐怖は生来のものとして人々の性格に刻まれていった。独立後もしばらくはその恐怖は消えることがなかった。インドネシア軍が姿を消しても、これでもうしょっ引かれることはないんだ、と心から信じられるようになるまで、まだ何年も要した。シスターが東ティモールにやってきた２０００年代半ば、住民はまだ恐怖をぬぐい去るには至っていなかった。それが、最近、すなわち、独立後10年近くたってようやく住民の表情から消えた。シスターが見るところ、以前感情的に激することが多かった東ティモール人も最近は徐々に落ち着きを見せ始めた、という。

治安の安定の裏には国民心情におけるこのような変化がある。独立当時、東ティモールではちょっとしたことで国民の不安心理に火が付いた。それが瞬く間に全国に飛び火していった。それが、２年おきの国内治安悪化を引き起こしてきた。

この、ちょっとしたことで国民全体が揺れ騒動が全国に広がるとの風潮は東ティモールから完全に払しょくされたとは言えない。２０１２年選挙後ですら、一時ディリ市内は騒然となった。起死回生を狙ったフレテリンの健闘むなしく、政権奪回はならなかった。それが明らかになり、ディリ市内はあちこちで投石事件が相次いだ。さらに事態は警察によるフレテリン支持者一名の殺害事件にまで発展する。この時極めて印象的だったのは、一カ所で投石が始まるやいなや、市内で外出する者がいなくなったことである。夕方にもなれば、誰一人路上を歩く者がいない。普段は車で賑わう市中心部は人っ子一人いなくなった。筆者は当時夜間、車で市内を回ったが、普段は人で賑わう市内がゴーストタウンさながらに人っ子一人いなくなり静まりかえっていたのは不気味以外の何物でもなかった。

東ティモールでは、メディアのニュースは限られる。しかし、噂があっという間に広がるのである。これまでは顔見知りとの噂話を通して情報が伝わった。最近はこれに携帯が加わる。何かあるとすぐ、知り合いから携帯で情報がもたらされる。かくて、瞬時のうちに情報が市内を駆け巡る。東ティモール社会にはそういう構造がある。人々は常に警戒を怠らない。したがって、ちょっとした些細な事件でもそれがあっという間に全国レベルの大事件に発展しうるのだ。これは東ティモールの治安を考える際、常に念頭に置いておかなければならないことだ。

東ティモールがそういう基本構造を抱えることは否定しがたい。しかしそれにもかかわらず、国民心理の安定という点で東ティモールは変わった。２０１２年も、ディリ市内で投石事件は数日の間続いたが、やがて収束していった。大きな騒動には至らなかったのである。噂は広がったが、国民はそれにより扇動されることはなかった。噂を聞き外出は控えたが、それ以上にみずから投石に加わり騒ぎを広げることはなかったのである。

しかしながら、東ティモール人のトラウマを考えるとき、実はもっと深いところに光を当てる必要がある。つまり東ティモール人の本当の心の傷は対インドネシアではない。インドネシア軍にしょっ引かれ、拷問を受けるかもしれない恐怖、それがいつ自分に降りかかってくるかわからない恐怖、それは確かに心の底に染みついたトラウマになったであろう。しかし、東ティモール人の本当のトラウマは別の所にある。

それは、対インドネシア人（軍）ではなく対東ティモール人との関係で生じたのだ。

(b)　東ティモールの人々の心の闇

ある国会議員は筆者に言う。

南アフリカのアパルトヘイト闘争は同じ南アフリカ国民とはいえ黒人と白人の間の闘争で、肌の色が違う「他者」への闘争だった。東ティモールはインドネシアという「他者」に対して独立運動を繰り広げ戦ってきた。その限りでは国民はさまざまな心の傷を負ったが、インドネシアが撤退してしまえばそれなりの解決もある。しかし東ティモールの悲劇は、東ティモール人が、同じ東ティモール人という「同輩」との間に癒しがたい溝を作ったことだ。それは他者への戦いではなく、同輩への戦いであるが故に永遠に癒すことのできない心の傷となって人々の心に深く残った。

東ティモールは、共同体からなる国である。この国の特色は、誰もが顔見知りの村の共同体で生活を営み、そこで生活のすべてが完結するところにある。近代的な都市ではなく、昔ながらの村の共同体が国を作っているのである。その村のコミュニティーが、独立を機に寸断された。村は、独立を巡り親インドネシア派と独立支持派に分かれ対立した。

東ティモールの和解に長年携わってきたラポーザ・米マサチューセッツ州上訴裁判所主任判事は筆者にいう。

同じ村の顔見知りが、自分の親族を殺して西ティモールに逃げていった。独立後しばらくして、その者が帰郷しまた隣人になった。毎朝、市場に行けば、野菜を売っているその者といやでも顔を合わせる。そのたびに、言いようのない怒りがこみ上げ、こいつが私の親族を殺したのだと叫び声を上げそうになる。しかしこの者とも、それまでは家族同然につきあっていた。家族の誰もがこの者に心を許していた。その者が自分の親族を殺して逃げていった。帰ってきたからといって許せるものではない。表面的には和解せよというから和解するが心の底では決して許すことはできない、それが、東ティモールが取り組まなければならない和解なのだ、と。

東ティモール人が「和解」を求め戦ってきたのは、インドネシア人ではなく東ティモール人なのである。それも同郷のすぐ隣にいた顔見知りなのである。

(5) ナショナリズムの勃興

東ティモールはポルトガル植民地となって以来、まとまった一つの単位として統治の対象となってきたが、元は東ティモール全体を統治する権力が確立していたわけではない。島には王（リウライ）が分立し、その下に共同体が形成されていた。さらに実際の生活単位はその下のもっと小さな、互いが顔見知りであるような村の共同体であった。ポルトガル統治時代も住民の中に「東ティモール人」との認識はなく、それが人々の意識に昇ってきたのは、対インドネシア独立闘争を経てのことだった。独立を経て12年、近年この東ティモール人としての国民意識が高まりを見せる。

(a) ＵＮＭＩＴ撤退を巡る攻防

その一つの典型が２０１２年末のＵＮＭＩＴ撤退を巡る動きと言っていい。

ＵＮＭＩＴ撤退は、長年に及んだ国連ＰＫＯがその任務を了し、東ティモールが晴れて独立を祝う節目であった。しかし内実は、この後国連が東ティモールにどう関わっていくか、関係者の間でさまざまな話し合いが行われていた。国連は、ＵＮＭＩＴは撤退するが、何らかの形で東ティモールに関与し続けることが必要との立場だった。かつて２００６年、順次縮小していった国連が最後に見たのは再び国内が騒乱に陥った東ティモールだった。その二の舞は避けなければならない、との思いは関係者の間にあったであろう。そもそも、東ティモールがこの10余年に及ぶ国連ＰＫＯ活動の結果、それなりに安定したことは関係者誰もが認めるところだった。しかし、それは手放しの楽観論ではない。すでに述べた通り、国連の立場はcautiously optimisticである。なにがしかの不安は払拭しきれなかった。そういう中、東ティモールを完全に独り立ちさせるには慎重にならざるを得ない、との判断は当然であったと思われる。

トランジッション（権力移行）はもとよりＰＫＯ活動の中で最も難しい分野の一つだ。これがうまくいくことが平和構築が成功を納める上での不可欠の要件である。国内の安定をどう見極め、移行を受ける側の治安維持能力をどう見定めるか。２００６年の騒乱時、この見極めを誤りいたずらにＰＫＯの規模を縮小してしまったとの反省が国連サイドにはある。今回その轍を踏んではならない。

ところがこれに東ティモールが反発した。

東ティモールは、これで晴れて独り立ちできる、長い間植民地統治に喘ぎ、1975年ようやく独立を果たしたと思ったら何カ月もしないでインドネシアに併合されてしまった、それから25年余り、2002年にようやく独立してみたものの国内は常に不安定な状況を抜け出せず、国連PKOも2006年、一度その規模を縮小したにも拘わらず再度大規模UNMITの投入に至った、それから6年、ようやく国連の「保護下」から脱する時が来た、幸い国内は見違えるほどの安定だ、もう再び混乱が見舞うことはない、ここで独り立ちしたい、と考えたのだ。何より、いつまでも国連の「保護下」にいるのは見栄えが悪い。折から東ティモールはいわゆる脆弱国といわれる一連の国を束ねG7+というグループを立ち上げ議長役として旗を振っていた。その関係からもリーダー格の国が国連の保護下では「様にならない」、もう大丈夫だから国連の関与はこれまでにしてもらいたい、と主張した。

UNMIT撤退の裏にはこういうやりとりがあった。結局何回かのやりとりを経、東ティモールは「独り立ち」し、国連はUNDPを主体に開発を担当する部署が小規模に残ることになった。これだと通常の途上国の姿になる。東ティモールがUNMITを胸を張って見送ったのはそういう事情があった。そして事実、撤退後の国内情勢は東ティモール政府が主張したとおり、安定して推移していったのである。

(b)　天然資源開発に向けたナショナリズムの勃興

ナショナリズムの高まりを示すもう一つの事例がグレーターサンライズ開発を巡る問題である。

東ティモールの石油、天然ガス採掘は現在バユウンダン等で行われているが、これだけではあと10年ほどで埋蔵量が底をつく。次に控えるグレーターサンライズの採掘開始が、東ティモールの開発にとり死活的意味を持つ。この採掘を巡り東ティモール政府は、ウッドサイド社等開発オペレーターと採掘方法で対立し解決のめどが立っていない。オペレーター側は、費用面で有利として洋上精製を主張するが、東ティモール側はパイプラインで東ティモール南部にガスを引きそこに精製所を設けたい考えだ。途中、海中は深く沈み３０００メートル級の海溝を通るが、東ティモールは技術的には問題ないとする。東ティモールにとり、これは今後の石油、天然ガス収入に直接関わる問題だし、以上の通り南部地域開発の成否にも拘わってくる。グスマン首相を筆頭に一歩も引かぬ構えだ。グスマン首相は２０１１年欧州歴訪の途次、みずからドイツ、ユーロパイプ社に立ち寄り、パイプライン敷設に関する話し合いを進めてきたほどだ。

これに関しては、東ティモールの断固とした姿勢を示すエピソードがある。２０１２年、ドナー諸国が集まり開発ドナー会議が開催された時のこと。会議終了後グスマン首相主催の昼食会が首相官邸前広場で行われた。

昼食会は首相みずから司会役を買って出て、出席者がカラオケを披露する等終始和やかな雰囲気の中で進んでいった。ところが、首相は宴たけなわの頃合いを見計らい出席者全員を広場の一角に案内する。皆何事かとついて行ってみると、その先になにやら白い布を掛けた大きな物体がしつらえられている。あれは何かと関係者が固唾をのむ中、首相がおもむろに除幕する。中から出てきたのはショーケースに入れられた、長さ10数メートルもあるユーロパイプ社製天然ガス輸送用パイプであった。このパイプはその後場所をずらして今も首相官邸前に設置されている。グレーターサンライズの開発に対し、東ティモールは一歩も譲る気はないとの強い意志を示した一幕であった。

筆者が見るところ、すでに本件は単なる一人の政治家、あるいは時の政権がコントロールできる問題ではなくなっている。国民の総意として断固国益を守るべしとの強い意志が感じられるのである。天然資源を巡るナショナリズムの高まりは、今後さらに上がっても下がることはないであろう。

（6）インドネシア経済圏の中の東ティモール経済

東ティモール経済はインドネシア経済圏の下にある、と言っても過言でない。東ティモールは24年間インドネシア統治下にあった。その間、経済もインドネシア経済として発展した。２００２年、独立の際の騒乱を機にインドネシア企業は国内から逃避した。しかし重要なのは、インドネシア統治時代、東ティモール経済はインドネシア本土の企業が握っていたということである。その間東ティモールの人々は、インドネシア本土の企業の手足となり働いたが、企業経営のノウハウ、製造の技術等の移転は積極的に行われたことはなかったという。

その結果、独立時にインドネシア企業が逃避したとき、東ティモール人には経済を回していくだけのノウハウが残されていなかった。一例として漁業をあげよう。東ティモールは海に囲まれ、しかも近海は豊富な漁場である。したがって漁業ないし関連産業が盛んであると思いたいところだが、実際は、漁業は零細漁民が、カヌーに乗り沿岸付近を操業し、捕れた魚を海岸付近で売り歩くだけである。缶詰め工場があるわけでもない。しかし、インドネシア植民地時代は流通網が存在し、漁業が企業形態で操業されていた。独立に際しインドネシア人が引き上げ、流通網も企業としての漁業も霧散した。

そのインドネシア企業が、今、大挙して東ティモールに戻ってきている。例えば、既述のコモロ新橋はインドネシア企業により建設されたし、(7)新たに建設が予定されている26階建て高級ホテルもインドネシア資本によるものである。(8)最近参入したインターネットのテレコムセルもインドネシア資本だ。その実態は数値的には必ずしも明らかでないが、引いた波が再び押し寄せているかの印象がある。かつてあるジャーナリストが筆者に、東ティモールは政治的には独立したが、経済的には依然インドネシア植民地下にある、と嘆いたことがあるが、実態はそう言ってあながち誤りともいえない。(9)

インドネシア企業にとり、東ティモールは、かつて企業活動をしていたところである。土地勘はあるし、言葉は完全にインドネシア語が通用する。文化的にも東ティモールと近隣の島嶼地方は類似の文化圏にあるし、婚姻を通しての結びつきも無視できない。現在のエリート層にはインドネシアで教育を受けた者も多く、例えば、ルアク大統領夫人はバリのデンパサール国立大学法学部卒業である。現在も約5000人の東ティモール人学生がインドネシアで就学中である。したがってインドネシア企業にとり東ティモールで人材を雇用するのは容易である。このようなインドネシア企業が、財政規模を5年で10倍に増やし政府プロジェクトを大量発注する東ティモールに戻ってきて何の不思議もない。政府の直接給付で懐が潤いつつある東ティモール人購買層をターゲットに投資を計画して何の不思議もないのである。

東ティモールの急速な発展はこのインドネシア経済との緊密な関係抜きには考えられない。豊富な石油資金があるだけでは、外資を導入し人材を育成し、と産業の育成には長い道のりが必要である。しかし東ティモールの場合、人的、言語的、文化的、血縁的に近い関係にある、かつてここで操業していたインドネシア企業が戻ればいい。しかも、インドネシアは今高い経済成長の真只中にあり、ＡＳＥＡＮという世界の成長センターの中核的存在である。それでいて、シンガポールほどの発展レベルになく、東ティモールとしては「つきあいやすい」。そういう国が国境を接して存在するメリットを忘れるわけにはいかないのである。ただし、インドネシアとの間に微妙な国民感情が横たわり、今も尾を引いていることが否定しがたい事実であるとしてもである。

なお、インドネシア経済という場合、その中核は華人資本であり、東ティモールに投資意欲を見せているのがシンガポール、香港、台湾も含めた巨大中華経済圏であることは言うまでもない。

（7）規模の小さい東ティモール

東南アジアの地図を見るとシンガポール、ブルネイと並び、東ティモールの国土の小ささが目を引く。島の半分の面積1・49万平方キロメートル、人口100万強の小国が一体生き残れるのか、とかつて人々は真剣に心配した。それは杞憂に終わったが、今なお、この国は今後果たして十分発展していけるだろうかと危ぶむ声がないとは言えない。

しかし逆に、仮に東ティモールがインドネシアのような大きな国だったらどうなっていただろう。12年前内乱を経て独立した東ティモールがもし1万7000に及ぶ島からなるインドネシアのようであったなら、果たして東ティモールは生き残れていたであろうか。国土が灰に帰し、人材は枯渇、産業もない国が、インドネシアのような大きな国であったなら、おそらく独立後ほどなく行き詰まっていたに違いない。独立後、当面はPKOの助けがあるとしても、国の制度を作り、これを運営する人材を育成し、産業基盤を整えていく、その困難さはインドネシアのような大きな規模の場合、実際の東ティモールとは比較にならないほど困難であったに違いない。

逆に言えば、東ティモールがちっぽけな面積と人口しか持たない、とるに足らない国であることは、東ティモールにとり大きな財産なのである。換言すれば、東ティモール程度の国は政策のよろしきを得さえすれば「大化け」することは可能といってもいい。シンガポールやブルネイのような発展は決して不可能ではないのである。

では、果たして東ティモールを「大化け」させられるだけの人材はいるか。

もしいるとすれば、その筆頭はアルカティリ元首相であるに違いない。

アルカティリは政治では確かにつまずいた。しかしその行政手腕は首相としての数年間に実証済みである。何より、石油基金の創設は高く評価されねばならない。今、アルカティリはグスマン首相の意向を受け、経済特区の責任者として辣腕を振るおうとしている。これが成功するか否かは、東ティモールの将来にとり極めて重要と言わざるを得ないのである。

（8）高度成長の抑制要因：予算執行率

さて、その東ティモール経済だが、ここで一つ注意しなければならないことがある。財政規模がこの5年で10倍に拡大したことはすでに述べた。しかし２０１２年度予算が18億ドル（援助を含めれば20億ドル。以下援助を除く）とピークを打った後、２０１３年度16・5億ドルに縮小、２０１４年度は政府提案ベースで13億ドルとさらに縮小を続けている。この間、石油基金残高は93億ドル（２０１１年）から１４０億ドル（２０１３年7月現在）へと着実に伸びているから歳入に不足を来した訳ではない。

実は執行が追いつかないのである。実際、予算執行率は２０１２年まで順調に推移してきたが、２０１２年になり急減、66％に落ち込んだ。要するに、カネはあるが、執行する組織、人員に不足を来たし、予算を十分消化できないのである。世銀もこれに注目し、２０１３年度予算は8月末時点で28％しか執行されていないが、これは２０１２年同時点の39％をも下回るとしつつ、２０１３年度予算の議会審議の遅れとともに人員、組織のボトルネックをその原因に挙げている。

この点に関し、筆者は２０１３年末、まさに予算審議の只中にある国会幹部に聞いてみたことがある。執行率の低下は今後の開発を進めていく上で大きな障害になるのではないか。これに対しこの幹部は筆者の指摘を認め、要するに「身の丈に合った予算規模にしようということだ」として次の通り説明した。

これまで東ティモールは猛烈な勢いで予算規模を拡大してきた。その結果、予算はこの5年で10倍にもなった。しかし、予算執行の面が追いついていかない。その結果、執行率が落ち予算の未消化が生じた。これ以上、あまりに野心的な予算を策定しても積み残しが増えるだけである。それよりはみずからの身の丈に合った規模に予算を抑えていくことが望ましい。石油基金にしても、健全な運営を図っていく意味で予算への繰入額をＥＳＩの範囲内に抑えていくべきである。国内には政府主導で解決しなければならない問題が山積みである。財政規模を拡大し官僚組織を使い効率的に予算の執行ができればそれに越したことはない。しかし実際は、官僚組織は思うように動かない。立法府が決めた予算は行政府に行ったところで目詰まりを起こしてしまうのである。そうであるとすれば、予算規模を現実にあわせ縮小する以外手はないではないか。

既述の通り、東ティモールのＧＤＰ（石油以外）は政府プロジェクトによりそのほとんどが創出されている。この政府プロジェクトが猛烈な勢いで膨張してきたことがこれまでの東ティモールの10％前後の成長を支えてきた。この政府プロジェクトが今後「身の丈に合った」規模に抑制されるとすれば、それを補う民間投資が行われない限り、成長率の低下は免れない。東ティモール政府は民間投資の活性化を促す姿勢だが、現在のところ民間部門は政府プロジェクトに呼応して投資を行っているに過ぎない。

過日、筆者は新装開店なったバーガーキングの経営責任者と話す機会があった。ちなみにこのバーガーキングは東ティモール初の大手チェーン店によるハンバーガーショップである。ここがオープンした時は、誰もが、東ティモールもとうとうハンバーガーショップが店を構えるまでになったか、と一様に強い感慨に襲われた。

　バーガーキングはシンガポール支社が東ティモールを含めたアジア太平洋を管轄する。このシンガポール支社長は、東ティモール最大のショッピングモールの一角に出店したバーガーキングの経営戦略に関し、東ティモールがこのまま高い成長を続けていく限り、バーガーキングの購買層は確実に増加していく、バーガーキングは未だ他社が進出していないこの東ティモール市場に真っ先に進出し新たな購買層を開拓していく、と強い自信を見せた。その際、この先の多少のＧＤＰ縮小はすでに織り込み済みだともしていた。

「身の丈に合った成長」というのは確かに一つの見識だ。いたずらに財政規模を拡大しても未消化に終わるのでは何もならない。それよりは消化できる規模に財政を抑える方が現実的である。予算執行率の低下とそれに伴う財政規模の縮小は、むしろ東ティモールの健全な国家運営を示すものかもしれない。

註

（１）Inventing East Timor : James Traub, Foreign Affairs, Jul/Aug 2000.
（２）ＧＤＰはＩＭＦ統計、一人当たりＧＤＰは財務省統計による。

（3）UNMIT等への拠出金を含む。これを除いた場合の国際社会の援助総額は約55億ドル。
（4）Humanitarian Intervention Comes of Age, Jon Western and Joshua S. Goldstein, Foreign Affairs Nov/Dec 2011.
（5）No Size Fits All, Salman Ahmed, Foreign Affairs Jan/Feb 2005.
（6）現在、国会議員で、ある委員会委員長のポストにある某氏もここで5年間獄中を過ごし、さらにインドネシアに移送、7年の収容生活を送った。この人が述べるところでは、この人の場合、独房があてがわれた由である。しかし、一畳余りの狭い部屋で外はまったく見えず、上部に明かり取りがあるとはいえ内部はほぼ真っ暗闇である。狭い真っ暗闇の空間での精神的拷問をよく耐え抜いたものだと思わざるを得ない。
（7）WIKA. ただしプロジェクト受注はConcorcium National Timorense.
（8）Tomy Winata（AGP Group）およびFranky Tjahyadikarta.
（9）さらに軍事的にすら、東ティモール情報はインドネシア軍の方がはるかに多く把握している。例えば東ティモールの地理に関し、インドネシア軍は全国土にわたり詳細に実情を把握している。

第2章　アジアの最貧国、東ティモール

１９９９年、国連東ティモール暫定統治機構（ＵＮＴＡＥＴ）が東ティモールに展開したとき、世界中が平和構築の未曾有の実験を見守った。果たして国連に平和を創り上げることができるのか。国連は停戦維持から一歩踏み込んで、統治能力を欠く国に統治機構を創り上げることができるのか。

10年余りが経過し、東ティモールは国連ＰＫＯの輝かしい成功事例となった。今や東ティモール指導者の顔は自信に満ちている。確かに１９９９年の時点では荒れ果てた国土を前に誰もがその先行きを危ぶんだ。成功を確信するものは恐らく誰もいなかった。それがこの成功である。指導者の心の中にはもう大丈夫だ、との強い自信があふれている。

確かに安定は確保した。今や国内で治安に不安を差し挟む向きはない。そして安定こそが平和構築の当面の主張課題であった。

しかしそれは東ティモールの国造りの第一ステップに過ぎない。

近年の急速な安定に伴い、国内には豊富な物資が流れ込み、消費が急拡大した。ディリの町中は建設ラッシュが続き毎月新しい建物を目の当たりにする。

しかし目を一歩裏通りに転じれば、そこにはバラックが広がり車がもうもうとほこりを上げて走り去る。地方に行こうと思えば、穴だらけの道を何時間も走らなければならない。たどり着いたところは、屋根も壁も崩れ落ちた家に住む人々、水がなくはるか麓を流れる川まで水をくみに行かねばならない人々の村だ。まごうことなきアジア最貧国の姿である。

思えば、ほんの数年前まで国内は紛争に明け暮れていた。国際社会は東ティモールをFailed State（破綻国家）と呼んだ。首都ディリ中心部に位置するホテル・ティモールの前には家を失った家族が所狭しとテントを張っていた。それがほんの数年前のことである。

全国的に見ればもはやテントこそ見当たらないが、独立当初と同じ生活レベルで多くの人が暮らす。政府の機構は創られ国会で議決された予算を使い政策も実行されている。しかし、貧困の実態にとても追いついていない。東ティモールは、この全国に広がる貧困に手を入れなければならない。ディリの旺盛な消費需要に基づいた活況を全国津々浦々にまで広げていけるのか、教育や衛生を拡充していけるのか、一日0・88ドル未満で生活する40％以上の人を貧困から救い出すことができるのか、国創りの第二ステップは今始まったばかりである。

東ティモールは国連平和構築の輝かしい成功事例である。そのプロセスは、２０１２年末のＰＫＯ撤退でひとまず区切りを迎えた。しかし平和構築の歩みはこれで終わったわけではない。

近年、平和とは単に領域の安全にとどまらないとする見方が有力である。すなわち、ある領域が、他国の侵害から守られていればそれで人々は平和を享受したといえるのだろうか、いやそうではない、その領域内に住む一人一人が人間らしい生活を送ることができるようになって初めて平和が確保されたといえるのだ、安全とは単に領域の安全だけではない、個々の人々の安全こそが重要であり、個々の人々が人間らしい生活を送れることこそが、安全の本質的意味合いだ、との考えである。国際社会はこれを人間の安全保障と呼ぶ。

国連の平和構築において、平和をこのように解釈するとき、東ティモールの平和構築の歩みはまだその一里塚に達したに過ぎない。人々が貧困から解放され、しかるべき学校教育を受けられ、衛生状態が向上し、５歳未満死亡率が大きく低下する、そういう社会の建設に向け東ティモールの歩みは今後も絶えることなく続いていく。国連もＰＫＯは撤退したが、現地ではこれに代わり、UNDP、WFP等が主体となって以前と変わらぬ活動を続けている。まさに個々の人々が人間らしい生活を送れるようになって初めて安全が確保されたといえるのだ、との考えがあるのである。国連の平和構築は息の長いプロセスである。しかし決して途中でやめてはならないプロセスなのである。

ディリの目を奪われるような活況は東ティモールの一つの姿である。他方、貧困に喘ぐ地方の実態も東ティモールのもう一つの顔である。

東ティモールを見る時、我々はこの二つの側面に光を当てなければならない。そうすることにより初めて東ティモールの本当の姿が理解できるのである。

では、東ティモールの貧困とはどういうものか。

それには東ティモールの地方を見るのが一番いい。そこで、貧困の実態を探るべく、オエクシ県ニティベを訪れることにしよう。

第1節　ニティベ（レラウフェ村）

ディリから西に車を走らせインドネシア、西ティモールとの国境を越え6時間ほど行ったところに飛び地となったオエクシ県がある。ここはポルトガルが最初に上陸したところで、その記念碑が海岸脇の公園に建つ。

その県庁所在地、パンテマカサルからさらに2時間ほど山奥に入ったところ。過疎の村ニティベがひっそりとたたずむ。政府要人すら訪れることがない、ましてや外国人でここを訪れる者はまずいない。東ティモールの中でも最も貧しい地方の一つである。

ちなみに、アジア開発銀行が公表した貧困ランキングはニティベ（レラウフェ）を全国439の市町村中貧困度第16位につける。どこの国でも過疎の村は貧しいものだが、ニティべは東ティモールの最貧地域の実情を余すところなく伝える。しかもニティベは東ティモールの平均的な貧困水準から特にかけ離れて貧しいというわけでもない。実は439の市町村のどれをとっても大きな差があるわけではない。どこも大同小異なのだ。以下、ニティベの実態を詳述する。

全国に広がる劣悪な道路

パンテマカサルから川を横断し舗装もない山道に分け入る。

東ティモールでは川が道を遮り前に進めなくなるところが多い。道路を進むと前方を突然川が横切り、道路はそのまま川の中に入り、ややあって向こう岸に抜けるように造られている。つまり橋を架ける財政的余裕がない。橋がないので車はやむを得ず川の中を突き進まざるをえない。通行は乾期に限られ、雨期ともなれば水量が増し通行は不能である。それでも乾期は何とか通行可能なので、こういう所も道路として存続不能とはならない。結果としていつまでも橋が架けられないまま放置される。

石だらけの川底を、四輪駆動が引っ掻くかのように、ようやくの思いで渡り切った先の山道は、今度は強い上りの傾斜だ。雨の浸食で道がえぐられ何本も筋が走る。雨期、ここは道というより川になる。えぐられた筋を雨が流れ落ちる。晴れても道はぬかるみ、傾斜は四輪駆動以外受け付けようとしない。トヨタのランドクルーザーですら、ぬかるみに車輪をとられ空回りする。

東ティモールの地方視察は一大仕事だ。それはとりもなおさず道路状況が劣悪だからである。穴ぼこだらけの道を半日も走ればそれだけで疲労困憊だ。ディリから南に行く場合は早

山から土砂が落下し通行不能になった道路

朝発夕方着で、途中急峻な山越えもしなければならず一日中揺られ目的地に着いたときはほぼ一日のエネルギーを使い果たしている。目的地に着き、車を降りても、しばらくの間は体が揺れ続けふらふらする。道路によっては破損状態が著しいところも多く、筆者が経験した中で最もきつかったのは、南部フォホレムまでの行き帰りで、このときは胃の中のものが上下するのではないかと思えるほどの揺れだった。

東ティモールの道路事情が悪いのは、基本的に道路のメンテナンスが行われていないためである。多くの道路はインドネシア時代に建設されたが、独立後12年、その補修に十分な予算が充てられてこなかった。道路は常に風化する。十分な手当なしに放っておかれた道路は見る間に腐食、破損していく。

東ティモールの地質

元々、東ティモールの土壌は脆弱である。

この辺り一帯は、四つのプレートの交錯するところで、オーストラリア、ユーラシア、フィリピン海、太平洋の各プレートがせめぎ合い、古来大きな地殻変動を生んできた。

中でもオーストラリアプレートとユーラシアプレートがこの辺りの地質を形作ってきたのであり、ティモール島は、前者が後者を押し上げて形成した島である。その地質は、北部（古生代）、中央高地部（中生代）、南部（新生代）とその形成時期を異にするが、基本的に粘性土（北部、中央高地）および堆積岩（南部）からなり脆弱である。したがって、自然災害の影響を受けやすく、大雨により容易に破損する他、降雨の道路への染み込みも道路破損の大きな原因となる。

さらに、排水管が、道路を横断するようにして浅く敷設される例が多く、この場合、車両の加重により管が破損し接続部分から漏水しやすいし、路床の上に路盤を敷設することなしに直接アスファルトを敷設し破損原因となっているところも多い。

ＪＩＣＡ調査団が全国の道路状況を調査したところでは、舗装状況の指標International Roughness Index（ＩＲＩ）が11～13を示したところが半数、９～11が約３割といったところであった。ここでＩＲＩ11～13はほとんど舗装がない、ＩＲＩ９～11は穴ぼこだらけともいうべき状況をいい、実に全体の８割が十分な状況にない（残りの２割もほとんどがＩＲＩ７～９で、これはひびは入っているが何とか舗装はされている程度に過ぎない）。車の他に交通手段もない東ティモールにとり、唯一の交通ルートである道路がこのような状態であることは致命的と言わざるを得ない。

劣悪な道路が生む村落の孤立

道路が劣悪とは、村々が互いの結合を欠き、孤立して存在するということである。

東ティモールは国土の中央に３０００メートル近い山がそびえ、その面積の多くを山岳地帯が占める。首都は海岸沿いにあるが、ほんの20～30分も内陸方面に走ればただちに道は上りとなり、気温が急激に低下していく。ディリから４時間行ったマウベシは２９６０メートルのラメラウ山の麓だが、夜間、急激に気温が下がるので気の利いたゲストハウスでは暖炉（こういうものがある所も東ティモールでは珍しいが）に薪をくべ泊まり客の暖とする。年がら年中40度を超えるディィリからは想像もできない。
そういう山岳国家で道路が未整備の場合、集落は孤立し相互に連絡することがない。東ティモールでは古来、人々はそうやって生活を営んできた。東ティモールは1・49万平方キロメートルと、面積が岩手県より少し小さいぐらいしかないにもかかわらず、30もの地方言語が併存する理由がここにある。今でもニティベの方言（バイケノ語）はディィリの者には理解できず、東ティモールの公用語たるテトゥン語がニティベの人の人口に膾炙しているわけでもない。テトゥン語はディィリ、ビケケ、サメ他南部地域等一部にしか通用しない地方言語である。[1]
東ティモールでは長らく国家が形成されなかった。東南アジア多島海では、国家はジャワ島等一部に形成されただけで、多くは河口付近に集落が形成され、それが川の上流地帯の村落と往き来するだけの部族社会であった。[2]
東ティモールでは河口付近にも村落は形成されたが、加えて島全土にわたって孤立した村落が点在した。そのいずれもがいわゆる部族社会であり、これが国民としての意識の下、一体化したのは１９７５年以降のインドネシア統治時代であった。インドネシアに抵抗する中で国民としての一体感が芽生え、やがて独立につながっていく。国家は「自然」が創ったのではなく、また「人の手」により創られたのでもない。「抵抗の歴史」が国家を創ったのである。

道路による結合を欠くことの経済的、政治的意味合い

さて、十分な道路による結合なしに村々が存立するということは、経済的には村が市場との結合なしに存在するということでもある。つまり、村には貨幣を媒介とした交換経済が及んでいないのであり、村は基本的に自給自足経済の下、その村だけで完結する。

村民は主として農業により生計を立てる。しかし農業は「業」にならず、自分で消費するものを栽培するだけである。せいぜい村民の間の分配があるだけであり、経済はあくまで村単位だ。そこでは町の市場とのつながりがないので貨幣が存在しない。実際、東ティモール政府のある閣僚は筆者に対し、東ティモールの村では貨幣を見たことがない人がたくさんいる、と述べた。経済が村で完結する限り貨幣は特に必要ない。取引は物々交換である。ニティベでは庭先にトウモロコシや芋が多く植えられているが、人々はそれを自家消費し、あるいは村民と物々交換するだけで終わり、貨幣を通した市場経済に組み込まれることがない。

貨幣が存在せず市場経済と結合していないとは、文明論的に言えば近代への飛躍を欠いていることでもある。

人はモノを数量化することにより、客観的かつ合理的思考を育んできた。これが人々の個の認識を生み近代が始まった。貨幣を媒介にした商品経済の勃興が日本においては江戸時代に全国に広まっていたことが、明治維新後の近代化の進展に大きな意味を持った。すなわち、近代化は貨幣経済、市場経済と密接に関係する。その貨幣と市場経済がここには存在しない。そういう人々が、独立を機にいきなり近代化の波に襲われているのである。それまで貨幣を見たこともない人が、政府の年金支給などを契機にいきなり貨幣を手にするのだが、貨幣を握らされ、近代化のプロセスに突如として組み込まれた人々はただ戸惑うばかりである。

もっとも村々は今も道路網が切断されたままである。したがって村が孤立状態にあることは何ら変わらず、自給自足経済は今もそのままなのである。そこに政府の直接給付を通し貨幣が流れ込んだとしても、村民はそれをどう使ったらいいかわからない。近代化のプロセスに組み込まれるといってもその組み込まれ方はいかにも中途半端である。

村人は一体貨幣をどのように消費しているのか。その辺りの調査はこれまで行われたことがない。ある国会議員が筆者に説明したところでは、村民は、投資して新しい企業を立ち上げようとか、農作業の機械を購入して作業を効率化しようとかの考えはない。子供の学費といっても十分な学校があるわけでなく、その方面への支出も限られる。結局、この国会議員が言うには、村民は政府から得た直接給付を祭りに使っているようだ、とのことであった。

村民にとり、最大の楽しみが村を挙げての祭りである。通常、資金に限りがあるから盛大な祭りは年1回あればいいほうである。そういう時は、貴重な牛を屠り、豚を焼く。現金を手にした村民は、どうもこの最大の楽しみにその現金を惜しげもなくパッと使っていると言うのである。東ティモール人は金払いがいい。その時は村民総出で、町の市場に出かけ、何頭かの牛を買ってくるのであろうか。つまり政府の現金支給策は、消費増にはつながるが、投資増にはつながっていない。産業が振興されるわけでもなければ、人的資源が育成されるわけでもないのである。

衛星放送を通して飛び込む豊かな生活の情報

人々が祭りに加え、唯一投資するのが衛星テレビである。これについては後述するが、衛星テレビを通し突然飛び込んできた先進国の豊かな生活の映像が、東ティモール国民の心理状態にどれだけの影響を及ぼすか、察するにあまりある。

東ティモール国民は、ごく最近まで村の中に起こる身の回りのことしか知らなかった。隣で何が起きたか、村のトウモロコシの収穫はどうだったか、豪雨で村にどれだけの被害が起きたか。そこに衛星テレビがまったく別世界の情報をもたらした。そこに映るのは今まで見たこともないきらびやかな世界だ。初めは何が起きているのか理解できなかったに違いない。食べるものが違う、家の中には文明の利器があふれている。町は立派な建物が建ち並び行き交う人は見たこともないようなきれいな服をまとっている。こういう世界があったのか、との思いであったろう。ちょうど、終戦後日本人がテレビを通しアメリカ人の生活を垣間見たとき、敗戦が当然のこととして理解され、豊かな生活へのあこがれが一気にわき上がってきた。「欲しがりません勝つまでは」は、「もう負けました、少しでいいからアメリカのようになりたい」、に日本人の意識を急速に変えていった。

同じことが今、東ティモールで起こっている。

それが人々にどのような意識上の変化をもたらしているのか、いわゆる近代以前の生活に取り囲まれる日々にあって、情報だけは近代社会のそれが日々大量に押し寄せる。人々はそれを、あまりに自分の生活と違うため別世界のこととして処理してしまうのか、あるいは、そういう生活への渇望が生じ、村を離れ町に出ようとの気持ちが生じるのか。実際、ディリには村々から多くの若者が押し寄せ、ディリは世界で有数の都市化上昇率(3)を誇る都市になった。おかげで、地方の中には農業従事者を欠くところすら出てきた。しかしやってきたディリの生活は思い描いていた理想のそれではなく、職も簡単には見つからない。何をするでもなく、ただ日がな一日ブラブラ時間をつぶす若者が、今ディリに急増している。

市場とのかすかな接触

ところで自給自足といっても、塩、砂糖その他どうしても市場でしか手に入らないものもある。そういうものはやはり市場で物々交換するか、あるいは貨幣により買うしかない。村民はどうしているのか。

人々は市場を目指し、徒歩でパンテマカサルを往復するのである。パンテマカサルはニティベから見てはるか彼方の麓だ。徒歩で4、5時間もかかるだろう。しかも帰りは買った品物を山の上のニティベまで運び上げなければならない。人々は通常、荷を頭上に置く。それがバランスをとるのに一番いい。そうやって山道をとぼとぼ歩く村民の姿をよく見かける。市場との結合はほとんど切れそうな糸でようやくつながっているだけである。そこでは

タイス織り

村の女性が地べたに座り糸を紡ぐ

車という文明の利器はほとんど利用されていない。

さて、政府からの直接給付といっても村民すべてが受給するわけではない。では直接給付のない農民は、貨幣をどうやって入手するのか。

現金収入といっても微々たるもののようである。多くは鶏、卵その他わずかばかりの余剰農産物を売り現金に換える。ちなみに鶏は一羽5ドルである。これに加え、もう一つ重要な収入源を忘れてはならない。東ティモールの伝統織物をタイスという。東ティモールでは儀式があればその都度、それを参加する客人の肩にかけ歓迎の意を表す。この伝統織物は近隣のインドネシアの島々にも共通し、インドネシアではこれをイカットと呼ぶ。織り方は地方により異なり、それぞれ独自の模様がある。東ティモール国会の議場は13県それぞれの織り方によるタイスが壁面を飾る。織るのは主として女性である。糸を染め地べたに座って一本一本紡いでいくが、これは根気のいる大変な作業だ。このようにして何日も何カ月もかけ、ようやく織り上げたタイスを人々は市場に持って行って貨幣に換えるのだ。これが村民の貴重な収入源になる。貧しい村民にとり、市場における交換はタイスを媒介にようやく成り立っている。

ヤシ葺きの住居

村人の食生活

さて、未整備な道路を通り、ようやく辿り着いたニティベのレラウフェ村には３２００名の村民が生活する。

その一角に、伝統的集落の姿をそのまま今に残すところがあり興味深い。30～40軒ほどの家屋がひっそりたたずみ、歴史の時が一気に巻き戻されたかの様相を呈する。

家は、椰子の葉を葺いたヤシ葺き。東ティモールの家は地方ごとに独特の形態を残し、高床式、低床式、丸形、角形等さまざまだが、ここは低床式の丸形、円錐形である。

円錐形の家は屋根のヤシが地面まで到達し、ちょうど、三角錐が地面に垂直に立っているかのような形状だ。

煮炊きの様子。燃料は薪だ。

その中の一つ、村の長老格の家を訪問する。入り口は地面から50センチほどの高さの所までくりぬかれ、人一人がようやく潜り抜けられるほどの狭い穴。入り口は地面すれすれに作られているので、くぐり抜けは容易でない。身をかがめ姿勢を低くするも、なお入り口上部にぶつかる。筆者は身をかがめながらもついに姿勢を崩し不覚にも転んでしまった。

内部は四畳半程度の広さ。土間で床はない。電灯がないので昼でも薄暗く、ましてや夜は真っ暗闇だ。そこに大家族がヤシ製のゴザを敷き雑魚寝する。高地では、これでは寒いので竹製マットレスの上にゴザを敷く。ここでは地面に直接だ。家族は10人弱。四畳半の狭さで寝返りも容易でない。横になると地面のひんやりとした冷たさが伝わる。

これが東ティモールの伝統的家屋であり、住居の形は地方ごとに異なるも、中は大きな違いはなくどこも同じような構造である。

ここで東ティモール人の食生活を見てみよう。

東ティモールでは一般に、干したトウモロコシと芋が食事の中心だ。地方の村落を回ると家の前の猫の額ほどのスペースにトウモロコシや芋が栽培されているのをよく見かける。沿岸部分の平地を除けば東ティモールは山地である。広々とした田畑を確保することは難しい。しかも多くが傾斜地である。十分に耕されることもなく、土壌は概して硬い。耕作は、その硬い土に一本の棒を刺し入れ、穴を開けてそこに種を一粒ずつ蒔く。土が硬いため、犂による耕作はできない。土地が傾斜しているので、人々は足を踏ん張り体を支える。重労働である。そうやってわずかばかりの土地にトウモロコシや芋が栽培される。

トウモロコシは、収穫後そのまま干して乾燥させる。食事の時必要に応じ身をほぐして取り出し料理するのだが、乾燥したカチカチの粒をとるのは容易でない。とったトウモロコシは臼でひき粉にし、湯で煮て少量の野菜の切れ端を入れる。インゲン、小豆、大豆、カボチャ等である。これを塩で味付けしたものが、東ティモール人が口にする最も普通の主食である。
芋は種類が豊富で、キャッサバ、タロイモの類いが主だが、日本のサツマイモ、馬鈴薯もある。これが塩ゆでされ皿に盛られ食事に供される。食事はこれだけというところも多い。肉、卵、牛乳を口に運ぶのはまれである。筆者が大統領とともに回った地方行脚では、国境付近の駐屯地の昼食がまさにこれだった。種類豊富な芋が皿に山盛りになり、人々は次々に芋を手にとって異なった味を楽しむ。ちなみに大統領は朝7時発夕方5時着の強行日程を昼食時、芋一つ口にほうばっただけで西南部の目的地フォホレムに向け出発して行った。筆者も芋を少量口に入れ後に続いた。

都会では、朝食に目玉焼きを常食するが、村では卵は貴重である。

ちなみに東ティモールのホテルを泊まり歩くと、朝食は、パン、目玉焼き一枚、コーヒーのみというのが定番である。これに地方拠点都市のホテルでは、野菜、焼きそば（インスタント麺）等が付くこともある。

ところで筆者が長老の家を訪ねたとき、一つ驚くべきものを発見した。一つの壁面にうずたかく積まれた米袋である。長老は村で最も富裕な者の一人であり、それなりの蓄えがあって当然だが、いかに米食が人気とはいえ、トウモロコシと芋が主流のこの東ティモールで、

村人が歓迎の意をこめて牛の煮込みを作ってくれる

米を壁にうずたかく積み上げられる家はどれほどの資産を抱えていると考えるべきなのだろう。村落の生産物は、市場との結合を欠いたまま長老の家に蓄えられている。

東ティモールにおける牛、豚の特別な意味

筆者がオエクシ県を訪れたとき、歓迎といって村民総出で宴席を催してくれた。

牛肉の煮込みが出されたが、牛肉は年一回、特別の場でしか口にできない。ふと横を見ると、屠られた牛の頭が横たわっていた。貴重な牛は滅多なことでは食用にしない。村民の歓迎の気持ちが伝わってきた。

牛、豚は東ティモールでは特別な意味を持つのでその説明が必要である。

牛、豚は村民の貴重な財産である。これを多く持つ者が富裕で村の有力者となる。牛、豚は婚礼の際の相手方への結納金である。現地事情に精通した邦人の話では、結納には相場があり、最も高貴な女性の場合、男性は女性の家に牛数十頭を納めなければならないという。以下、女性のランクに応じ牛の頭数が減っていく。女性側も、ただでもらうわけにはいかない。男性に対し返礼の義務があり、高価なタイスなどが納められる。こうやって双方の家の釣り合いをとるわけだ。

女性の家に、他に男の兄弟が控えている場合、その婚礼を考えれば結納された品は簡単に消費してしまうわけにはいかない。よくあるのは、女性の家と男性の家が嫁を交換し合うことで、こうすれば、牛、豚は互いの家を往き来した後、元の鞘に収まる。婚姻には家畜以外に現金も必要という。平均、3000ドルほどの持参金が男性から女性に支払われるとされるが、一日1ドル以下で生活する者にとり、3000ドルを調達する術があるとも思えない。それはあまりに非現実的な金額でないか、と反論すると、ここではそれでも結構納付の慣習は守られているという。即金による支払いでないことがミソだ。20年、30年の分割とし、現金を親戚一同から借りまくって資金を調達する。男性は容易なことでは結婚できそうにない。

婚姻は村民の最大行事である。東ティモールでは、伝統的に村が一つの生活単位であり、その上に大規模な国家が成立するということがなかった。村民相互の結びつきは、したがって極めて強固である。冠婚葬祭は村民総出で行うのであり、都会に出た者もその都度帰郷する。これといってレクリエーションのない東ティモールでは、週末ともなれば何かといっては大家族が集まり食事を囲んで談笑する。これが人々の唯一、最大の楽しみである。特別行事の時はこの輪が村全体に広がる。

東ティモールにおいて、牛、豚はそういう意味合いを持つ。

村には通常冷蔵庫がない。したがって屠った牛、豚は皆で食べ尽くすか、あるいは干し肉にするしかない。

そもそも東ティモールで、冷蔵庫に限らず電気製品と呼べるものはほとんどない。それにもかかわらず最近の流行は電気釜を備えることという。村民がカネを手にしたとき、第一に買い入れるのがテレビ、次が電気釜という。

東ティモールの主食はトウモロコシ、芋であり米ではないのだから電気釜は奇異である。ここに、最近の食事パターンの変化がある。

東ティモールにおける食生活の変化

東ティモール人が米を多食するようになったのはインドネシア植民地時代以降である。インドネシア人が米を食べる習慣を持ち込んだ。それ以来、東ティモールの人々は米の味に魅了され米を好んで食べるようになった。筆者が東ティモール西部のボボナロ県を訪問したとき、そこのマルティンス県知事が嘆息しつつこのあたりの事情を説明してくれた。

曰く、東ティモールは食糧不足で困ることはない、国内には十分な食料があり、国民が飢えで死ぬことはない、しかしそれは伝統のトウモロコシ、芋の食事パターンを維持すればの話である、今や国民は米がないと承知しない、しかるに米の国内生産はごく限られたものでしかなく、ほとんどをベトナム、タイ等から輸入する、そこに東ティモールの食糧問題があるのだ、とのことだった。どこでも人は豊かになるにつれ、その食事パターンを変化させる。東ティモールの人が、単に飢えをしのぐだけの食事から、美味を求めるものに変わるのはいわば必然だ。問題はそれが輸入しなければまかなえないという所にある。つまり国内自給の達成こそが東ティモール食糧問題の解決に不可欠なのだ。日本政府はこの観点から、農業を重要分野の一つとし重点的に協力を推し進めている。米作に関して言えば、各地の灌漑施設を無償資金協力や草の根無償資金協力で重点的に整備中だ。

農業が抱える根本的な問題

しかし、東ティモール農業の最大の問題は国民がトウモロコシ、芋食から米食に切り替えたことにあるのではない。問題は流通にある。

既述の通り、東ティモールの地方村落は未だ多くが市場との結合を断たれた「孤立状態」にある。市場と結合しておらず、村民は自給自足の生活を送る。村民は貨幣を見たこともなく、市場を知らない。その結果、村民は農業に従事するといってもそれは「業」にならない。村民（農民）は、生産高を増やし、余剰分を市場で販売し貨幣を手に入れ、それにより必要なものを購入し生活を豊かにする、とのインセンティブがわかない。別に多く作ってもしょうがない、自分たちが生活できるだけを生産すればいい、というのが東ティモールの人たちの共通した考えだ。したがって品質向上にも意欲がわかない。自分たちが口にするものは自分たちが満足すればそれでいい、と言う。東ティモールの農業が業としての農業でなく、あくまで自給自足にとどまる限り、生産の向上は望めないのである。生産が向上しなければ農民の生活レベルの向上もない。いかに業としての農業を成立させるか、が最大の問題だ、とよく指摘されるが、その鍵は市場との結合にあるのである。

実際、市場まで収穫物を頭上に載せ、何時間もかけて往復する様を見れば、村に農「業」

が存在しないことは一目瞭然である。

では、道路を整備し、農民に輸送手段を提供すれば問題は解決するのだろうか。「市場との結合」とは恐らくそう単純なものではなく、システムとしての「市場との結合」が図られることが鍵なのである。

東ティモールの村落はその多くが現在孤立状態にあるが、実はインドネシア統治時代、村は市場とまったく断絶していたわけではない。細々ながらも若干の結合があった。そこには流通業者が存在し、業者が村々を回って生産物を集荷し市場に持って行く「流通機能」が部分的にではあるが存在していた。

問題は東ティモール独立の際、流通業者が国外に退避してしまったことにある。実は、流通業者は多くがインドネシア人（インドネシア華人を含む）なのである。つまり東ティモールはインドネシア統治時代、インドネシア人の存在により村落と市場とが結びつけられ、かすかながらも業としての農業の体をなしていたが、そのインドネシア人の撤退により、再び元の自給自足経済に戻ってしまったのである。

インドネシア人に代わり、流通に従事する東ティモール人は少ない。流通業にはそれなりのノウハウが必要だし、ネットワークが必要である。ノウハウとネットワークがインドネシア人撤退と同時に消えた以上、東ティモールの人たちだけでそれを構築するのは至難である。これは別の言葉で言えば、東ティモールはインドネシア統治の24年間、流通のノウハウを習得しなかった。もし技術移転があれば、インドネシア人がいなくなった後、東ティモール人だけで流通が営めたはずである。残念ながら24年間、東ティモール人はインドネシア人の下働きに甘んじてきたのである。

事情は農業にとどまらない。漁業も同じである。既述の通り、東ティモールは海に囲まれており、以前はそれなりの漁獲もあった。しかし、それはインドネシア人の流通ネットワークを通し市場に運ばれ、あるいは輸出されていたのである。独立と同時にこの部分が欠落した。漁業にとり不可欠な冷凍(冷蔵)技術が発達していないこともあり、今では、お世辞にも新鮮とは言えない魚が少年の肩に担がれて町中を回っている。つまりここにも漁「業」が存在しない。

流通機構をいかに作り上げるか、関係者は頭を悩ませるが、今のところ妙案はない。国外退避のインドネシア人に戻ってきてもらうのが一番の早道だ、との声も聞かれるが、東ティモールの産業振興のためにそれでいいのか、釈然としない。

東ティモールの貿易

ここでいう流通とは、主として東ティモール国内、および東ティモールから国外への流通のことだが、国外から東ティモールに流入する流通経路はそれなりに存在している。実はここに別の大きな問題が存在する。

東ティモールはほとんどのものを輸入に依存する経済である。国内に主要産業は存在せず、国内生産がないからすべてを国外から輸入するしかない。通常輸出するものがなければ輸入もできない仕組みだが、東ティモールではこれが可能だ。膨大な石油収入があるからである。

もう一つ、東ティモールでは外国の貿易業者にうまみがあることを忘れてはならない。ここはドル経済である。業者は貿易によりドルを手にすることができる。しかも東ティモールは物価高で、インドネシアより価格が2ないし3割高い。この高い価格帯を狙って輸入品が殺到するのだ。例えば、インドネシア領西ティモールのアタンブアで3ドルの洗剤が、東ティモールでは5ドルで売れる。国境を越えほんの4時間車で運ぶだけでこのもうけである。業者にとっては濡れ手に粟といったところであろう。むろん、輸入品の購買層は限られる。一般人が手にできる価格帯ではとうていない。ところが本書で縷々述べているとおり、この輸入品を買う層が今、徐々に増えてきているのである。流通業者にとり東ティモールは徐々に魅力あるマーケットになりつつある。

東ティモールには豪州からも先進国物品が流入するが、これはさらに割高で、さすがに東ティモール人も二の足を踏む。手頃なのはやはりインドネシアからの輸入品という。そのルートは、インドネシア、スラバヤから（ないし、西ティモール、クパン経由）東ティモールに入るルートだ。現在、このルートを通って膨大な物資が日々、東ティモールに流れ込んでいる。このルートは東ティモールの生命線に他ならない。

東ティモールは独立12年にしてディリに、周辺のインドネシアの島々以上の町を作り上げた。例えば、西ティモールにはクパンを除き、未だディリにあるようなショッピングモールは存在しない。しかしそのことは、東ティモール社会がいかに急速に変化しつつあるかということでもある。この急速な変化は社会に大きな負担を強いている。近隣では社会の変化はそれなりに緩やかなスピードで進む。しかしここ東ティモールでは独立以降、人々は急速に進む変化の中に身を置いているのである。社会の急速な変化について行くのは大変である。しかもここにはその変化について行けない人のためのセーフティーネットが存在しない。この問題は今はまだ顕在化していないが、やがて徐々に大きなものになっていこう。

ドル経済

ところで東ティモールのドルについてである。

経緯から言えば、独立に際し東ティモールはどの通貨を採用するか、いくつかの選択肢があった。独自通貨を持つ、インドネシア・ルピアにする、オーストラリア・ドルにする、アメリカ・ドルにする、の4つである。しかし独自通貨が独立当時の不安定期にあって現実的選択になるわけがなく、インドネシア・ルピアは闘争の歴史から受け入れられるわけもなく、オーストラリア・ドルは近隣の巨大経済圏からの圧力を考えればこれも選択肢となり得ない。結局、アメリカ・ドルが唯一現実的な選択肢であった。こうしてアメリカ・ドルを主体とし補助通貨のみを自国で発行する現在の通貨制度が生まれた。

貿易業者は東ティモールでインドネシアより割高な価格設定にして販売しドルを稼ぐ。ドルを取得できるところとして、東ティモールは外国業者にとり特別の魅力があるのである。

精霊信仰の社

さて、この30～40軒の集落の中で一際異彩を放つヤシ葺きの家がある。通常なかなか中に入れないこの家に、特別の許しを得て入れてもらうことができた。入ってみて知ったが実は他でもない、これこそが精霊信仰の社であった。

その詳細を記述するのは差し障りがある。ここは村人の神聖なる信仰の中心である。が、概略のみ述べれば、一際薄暗い三角錐の社の中央に、祭壇が屋根に届くまでしつらえてある。そこに多くの飾りが施され、また祈りの際に用いられると思われる種々の仕掛けがあつらえてある。司祭の話では、この聖なる場所でさまざまな呪術の儀式が執り行われるという。

東ティモールの村落で、呪術の果たす役割は極めて大きい。

村には村長がいるが、この村長が村民を束ねているかというと必ずしもそうではない。長老は村民の尊敬を集めその発言には重みがあるが、これも絶対ではない。実は、司祭(amlulik)の発言を考慮に入れなければ、村民の本当の意向がつかめないのである。この辺りの関係は微妙である。意思決定権がどこにあるのか、この三者の関係をきちんと把握しないと、何をするにせよ村の協力が得られない。

医療においても呪術が大きな役割を果たす。

村には医療機関と呼べるようなものはない。仮にあっても、村民が医療機関でなく司祭の祈祷の方を好む場合も少なくない。

現地事情に詳しい邦人の話によれば、東ティモールは河口付近の海岸にワニが生息するところとして有名である。ワニが人を襲うこともまれではなく、たまにその被害を耳にする。この邦人はたまたま、村民がワニにかまれ重傷のけがを負い、大量出血のため緊急に病院に搬送しなければならないケースに遭遇した。すぐさま病院に搬送しようとの声に対し、本人は強く反対、病院に行く前にまず司祭による呪術を受けなければならないとし、搬送を固辞した。そうしなければ、仮に本人はよくても親族に被害が及ぶ、その被害を防ぐためまずは祈りを捧げなければならない、と言う。むろん司祭もそれを主張し、大量出血で時間が勝負という時に、まずは司祭が祈りを捧げ、害が本人および親族に及ばぬよう祈祷が執り行われた、という。

建物を建てる起工式に際し神主のお祓いを受けることは日本でもよくあるが、これは東ティモールでは必要不可欠の儀式であり、この儀式を欠いて建設工事が進むことはあり得ない（その場合は、何かよくないことが起きると工事関係者が固く信じるため工事が進まない）。

東ティモールの飛び地、オエクシの港を日本の無償資金協力で改修するプロジェクトが完成した。先般その完工を祝いグスマン首相以下そうそうたる面々が出席の下、厳かに落成式が挙行された。こういう式典でもやはり精霊信仰の作法に乗っ取った儀式が重要である。ここでは豚が絞められ精霊の神に捧げられた。豚は四肢を縛られ棒に通され逆さ釣りにされて公衆の面前に運ばれた。司祭が祈りを捧げた後、豚を縛り付けた棒を担いできた4人が豚を絞めにかかる。豚は命の危険を察し悲鳴を上げる。それはまさに悲鳴であり、豚の断末魔とはこういうものかと、その悲鳴が今も耳の奥に残る。ヒーッというその最後の声を残し命が絶えた豚の首から血がしたたり落ちる。4人がその血をコップに受け、順次回して生き血を喉に流し込む。400~500人にものぼる観衆は私語をするものもなくその光景を見つめる。その間15分、儀式はあっという間に終わったが、この儀式こそが重要で、これを抜きにこういう類いの竣工式が終わることはない。

東ティモールのキリスト教

東ティモールはキリスト教国であり、国民の9割がキリスト教徒とされ、日曜ともなると教会の前は礼拝する人でごった返す。車も前に進まない。

しかしこれには裏があるのだ。ポルトガル植民地時代、ポルトガルのキリスト教普及の努力にもかかわらずキリスト教信者は国民の3割程度であったという。これが一挙に9割に跳ね上がったのが1975年からのインドネシア統治時代であった。インドネシアは、身分証明書発行に際し宗教を明らかにするよう義務化した。そこでは人々は五つの宗教から一つを選ぶようになっており、キリスト教を選択するものが多かったという。その結果、国民の9割がキリスト教徒になったわけだが、必ずしも9割すべてが心からの信者というわけではない。東ティモールの人の心には精霊信仰が根強く残っているのである。

ちなみにルーリック（lulik）とは聖なる場所、物の意である。それはほこらだったり、石だったり大木だったりする。それは聖なる場所であり物である。そういうところには精霊が宿るとされ信仰の対象になるのである。その信仰を司る者が司祭、アムルーリック（amlulik）である。

さて、このあたりで、目をニティべから転じ少し東ティモール全般の事情を述べてみよう。東ティモールの発展から取り残されたところでは、一体いかなる問題を抱えているのか。

第2節　東ティモール国造りの課題

東ティモールの水事情

(a)　現　状

統計は、東ティモールでは58・1％が飲用に適した水源（improved drinking water source）へアクセス可能とする。[4] しかしそのすべてが水道、井戸へのアクセスを意味しているわけではない。また、アクセス可能とは24時間給水があるということでもない。

例えばディリの水道である。最もよく整備されているはずのディリの水道ですら、24時間給水を謳いながら実際は一日6、7時間の給水でしかない。

これは水道のみならず他のすべてにわたって見られる、東ティモール共通の問題なので以下詳述する。[5]

ディリの人口は15万人弱であり、ここに延長350キロの配水ネットワークが張り巡らされている。これは市内全域をカバーし、これが十分機能すれば市民の水道供給は賄えるはずである。しかし実際はそうではない。ＪＩＣＡ専門家によれば理由はいくつかある。

第一は、多くの水道管が敷設後長期の年数を経過し老朽化が著しいことである。水道管の継ぎ目から漏水したり、管内部が腐食したりして使用に耐えないものが多い。延長350キロのうち、ポルトガル植民地時代に敷設されたものが113キロ、インドネシア時代のものが83キロある。つまり、全体の6割近くが交換を要するのである。

第二は、住民による配水管の違法接続であり、住民が勝手に埋設された水道管に管を繋ぎ水道を使用している。

第三は、住民による水道の垂れ流しである。ディリで水道料金が徴収されているのは全体の20%に過ぎない。それ以外は料金支払いなしの利用である。したがって住民の中には使用後も蛇口を締める習慣がなく、水を流し放題にしている例が少なくない。

(b) 統一的配水システムの不在

これだけでも十分大きな問題だが、さらに問題を複雑にしていることがある。統一的な配水システムができていないことだ。

本来配水システムは、一つの配水池に一つの配水ブロック(受給主体と水道管の一つの塊)が繋がり配水が行われる必要がある。これは配水システムが、全体で一定の水圧により配水されるため必要不可欠なことである。

しかし現実はそうなっていない。

第一に、ディリには配水池4カ所、配水ブロック10区画があるが、そのすべてが互いに区切られることなく一つの大きなブロックを形成している。

第二に、水道管は上記のとおりポルトガル植民地時代、インドネシア統治時代、独立後（東ティモールによる敷設）、独立後（支援国による協力）とさまざまな主体により敷設されてきたものであり、その材質はバラバラでACP、PVC、GS、DIP、PE等異なるものが混在する。

また敷設時期も異なり、したがって老朽化の程度も異なる。また、敷設の技術も異なるため、あるところは敷設後それほど時期を経過していないにもかかわらず接続部分から漏水していたりする。

第三に、一部地域では、配水量不足を補完するため井戸を掘っているが、その水が本来配水池を通し受給主体に配水されるべきところを、配水池を通さず直接井戸から受給主体に配水されている。

上記3点の意味するところは、水圧が場所によりバラバラになるということである。

本来、給水システムにあっては、配水池と家庭を一つのブロックに区切り水圧が一定になるよう調節して配水する。ところが、上記の原因により場所によって水圧がばらばらになる場合、水圧が高いところでは漏水が起こり弱いところでは十分な量が給水されない。

政府は水道管の老朽化については問題を認識しその取替の必要を認めるが、水道管さえ新しくすれば、現在の6、7時間給水は改められ24時間給水が可能だと考えている。しかし実際は、水道管を新しくしても給水時間は改善されず、一体何が問題なのかと頭をひねる現状である。

水道は道路と違い、インフラが新しくなればそれで終わりというものではない。全体が統一された配水システムの下に水圧が正しく調整される必要があるのである。

ではどうしたらいいか。

現状は極めて悲観的であるとＪＩＣＡ専門家は言う。異なった材質の異なった敷設期間を経過した水道管が錯綜し、配水池との接続も整理されていない。そこに違法接続があり、井戸が配水池を経由することなく接続されている。これを全面的に造り替えることなく部分的対処のみで済まそうとしてもお手上げと言わざるを得ない。

(c)　東ティモールのインフラが共通して抱える問題

問題を一般化すれば以下のようになる。

1. ポルトガル時代、インドネシア時代、独立後の時期、と長年にわたり異なった施策が講じられてきた。
2. それらは互いに混在して現在に至り、一つの統一的な体系のもとに整理されていない。
3. 住民は違法であっても生活を守るための自助努力をせざるを得ない。
4. 便益に対する費用負担の関係が成立しておらず、本来であればありえない使用形態が行われている。

これは、東ティモールがインフラ整備において共通して抱える問題である。

さらに言えば、それは何もインフラに限った問題ではない。例えばこの国の言語の問題がまさにこれであろう。

ポルトガル語、インドネシア語が支配階級の言語ないし国民が習うべき言語として長くこの国に存在してきた。独立後はテトゥン語を基本としつつ、ポルトガル語と合わせ二つの言語を国語とした。しかし実際には教師も教材も不足し、系統だった教師の育成もなく方針も頻繁に変わる等、教育現場は混乱の極みにある。しかも、国語とされたテトゥン語はディリ等限られた地域でしか理解されず、全国では30にも及ぶ異なった言語が日常に使用されている。

これは「統治の問題」とも言い換えることができる。統治主体が代わるたびに異なった施策が講じられ、独立後は中央の統治主体が弱体である結果、混在した施策を整理することができない。統一言語は統一国家にとり最も重要なものである。それはインドネシアを見ても明らかであろう。同国独立後の国民のアイデンティティー形成にとりバハサ・インドネシア（インドネシア語）の制定が決定的な意味を持ったことは改めて述べるまでもない。それにも関わらず、東ティモールにおいては言語政策が効果を発揮しているとは言い難く、この意味の統一は未だ道半ばである。独立はしたものの国家権力が未だ十分に強くはないのである。

(d) 地方における水事情

水事情に関し話をもう少し続けよう。

首都から離れ地方に目を転じると、そこにはまた違った問題が浮かび上がってくる。問題は、水道というより、水源からいかに水を持ってくるかである。

村に井戸や川があるとは限らない。地方の村の中には、2時間も3時間もかけはるか谷底に降りていき、バケツ一杯の水をくみ上げ、それを頭上に乗せ再び何時間もかけて山を登り生活用水として利用しているところが多い。日本政府は、水の確保が生存に直結し、管理が不十分な場合衛生の問題を生み、かつ、その確保が住民の多大な負担となっていることに鑑み、草の根無償資金協力を通し住民が水を確保できるよう協力を進めてきた。麓からポンプで水をくみ上げ、あるいは井戸を掘削し、山間部の村に水道管を敷設、村民が住んでいるところで蛇口をひねれば水が出てくる設備を作るプロジェクトである。これがどれほど住民に裨益するか改めて説明の必要もないだろう。

そういう設備がようやく完成した時、村人は総出で完工式を祝う。

村の一角に新たにしつらえられた水道の蛇口を取り囲み、村人が何重にも輪になって見守る。おもむろに蛇口の栓に手を掛けひねる。そのとたん、勢いよく水がドッとほとばしる。

村人は一斉にわーっと歓声を上げ、子供がうれしさのあまり駆け寄って水に手をかざす。水は駆け寄った何人もの子供の手をぬらし、そして辺り一面をもぬらしていく。それを見て今度は大人も駆け寄ってきて水を掴もうと手を伸ばす。この瞬間こそ、経済協力に携わる者の冥利に尽きる一時である。

ただし、日本政府は献身的に水供給の問題を解決すべく取り組んでいるものの、手当てできるところは全国ほんのわずかである。これは基本的に東ティモール政府が主体となって取り組むべき課題である。水という生活の根源ともいうべきものを得るため、毎日麓まで何時間もかけ、上り下りしなければならない現状は一刻も早く改善されなければならない。

(e) 東ティモールの給水設備：水瓶

一般に東ティモールにおいて、水周りは大きな問題である。

水道設備がないところはむろんだが、あるところでも常時給水があるとは限らない。蛇口をひねっても水が出ないこともしばしばである。そういうこともあってか、東ティモールでは通常、水を入れる大きめの瓶（現在はポリバケツの利用が多い）を用意しそこに水を貯める。利用する時はその瓶からひしゃくで水をくむ。これはインドネシアでも通常見られる習

トイレと水瓶（プラスティック製）

慣である。飲用、煮炊きすべてこの水を使う。

浴用もこの水だ。通常東ティモールでは、風呂場（トイレと併設）に水をためる瓶が設置されている。水浴びの際はこの水を柄杓ですくい体に掛ける。水は硬質でカルシウム分が強いこともあり通常瓶の周囲は白いものがべっとりと付着する。これは現在でも東ティモールの通常の水浴びの方式であり、シャワーがあるところはむしろまれである。瓶の水だから湯ではない。山岳地帯など朝夕冷え込むところでは冷水の水浴びは堪える。

筆者があるとき宿泊したところは、部屋の隣に風呂場が付いていた。風呂場は上記の形式で、瓶にたたえた水と柄杓、トイレ（便座およびトイレットペーパはなかった）があるのみ、手洗い用の蛇口もない、瓶に入れられた水は色が付き臭いがある、といった具合である。そこで何とか用を足しているといきなり隣室から人が入ってきた。筆者は気がつかなかったが、浴室が二部屋兼用になっており、筆者が使用するとき、もう一つの隣室側の鍵をかけておかなければならなかった。筆者は慌てて自室に引き下がったが、風呂場では、隣室の者が水浴びを始める。しかし水浴びといっても桶で水を3、4回体にかけるだけだ。この人はさっと水浴びを終えるや自室に帰っていった。筆者は、これが東ティモールの水浴びかと、しばしあっけにとられた。日本人にとり、風呂は楽しみの一つであり、湯船にゆっくりつかれば一日の疲れも洗い流されるというもの。しかしここ東ティモールにそういう趣はない。

筆者が常に不思議に思うのは、片手に柄杓を持って手を洗うことが果たしてできるのだろうかということだ。水を手にかけることはできても、手をこすって洗うことはできない。日本人の衛生観念とは隔たった生活様式である。

東ティモールの地方のホテルは場所を選べばそれほどの不満はなく、特に夕食に出される食事は大変美味で大いに満足するが、この水周りだけはどうにも頂けない。筆者の同僚にはこれこそ自然そのものだと満足げに豪語するものもいるが筆者の感覚とは相容れない。

(f) 水質

一般に東ティモールの水質はよくない。JICA専門家の話では、ここはカルシウムを多く含み硬質であることは欧州の水と同じだが、それ以外に汚染があることが問題の由である。一番の問題は、東ティモールで糞尿処理を下水処理ではなく地面浸透式で行っていることによるものである。

つまりトイレが普及しておらず糞尿が土壌にそのまま染みこむようになっている結果、その過程で、大腸菌の汚染が進み、さらに地中にしみこんだ糞尿から硝酸性窒素が発生する。硝酸性窒素は従来の技術では処理しきれず、井戸の取水を通し長期にわたり人体に取り込まれる場合、神経系統におよぼす影響が無視できないという。深井戸を掘ればそれが防げる場合もあるが、東ティモールでは浅井戸のケースが多く、その場合、汚染が進むことが多いようである。

井戸の位置関係も問題になる。すなわち、井戸が墓所近辺に掘られる場合である。東ティモールでは、その点の知識が普及しておらず、墓所から井戸への汚染を考えず井戸を掘削することがある。東ティモールは、埋葬方式なのでそこから井戸水への汚染の浸透は当然考えなければならないのである。

(g)　トイレ

話のついでにトイレに関し少し述べておこう。

東ティモールに水洗式トイレがあるのは限られたところのみであり、ほとんどは土壌しみこませ型であることは述べた。

日本はこれに対し、王子製紙が千のトイレプロジェクトを実施しているし、NGOのアフメットが東部ラウテム県でトイレ普及に取り組んでいる。エルメラ県におけるNGOシェアの手洗い指導も重要である。人間の安全保障においてはこういう民間企業やNGOの活動が重要になる。非政府主体と連携していかに援助効果を高めつつ平和構築を進めるかが肝要なのである。

東ティモールでは、水洗トイレが普及していないという以前に、そもそもトイレがないところがまだかなりある。こういう所にいかにしてトイレを設置させさらに衛生状態を改善していくか、がこれら諸団体の取り組みの課題である。衛生状態は、乳幼児死亡率、病気罹患率等に直接跳ね返るからだ。

我々は、トイレがないところでどうやって用を足すのかと思うが、家の周りの草むらすべてがそれ用の場所である。特定の場所を決めていないところも多く、そういう場合、家の周りの衛生状態は極めて悪化する。豚がその処理のために利用されることもまれでない。

（コラム）

東ティモールの温泉

東ティモールには名だたる温泉が数カ所ある。その代表格が、西部マリアナのマロボ温泉で、ここは秘湯という名にふさわしい。

首都ディリから約4、5時間、車を走らせ西部マリアナに着く。そこからさらに約1時間、山中を分け入り、最後は、時期にもよるが車が通れないので徒歩にて約15分、秘湯への道を進んでいく（雨が降っていなければ車両のアクセスも可）。

やがてプーンと硫黄独特の臭いが鼻をつく。と、目の前に突然湯が細い筋となって流れ出す。細い筋は合流し、やがて小ぶりな滝となって流れ落ちる。その先が湯治場だ。ただし湯治場といっても日本のそれとは違う。実態は、30〜40メートル四方のプールといった方が適当だ。

ここは19世紀半ばポルトガル人により築かれた。したがって温泉の形式もポルトガル風である。ポルトガルは例えばブラジルでもそうだが、温泉に大規模プールをしつらえ温めの湯を張る。人々はそこで、熱めに湯につかる日本式温泉とは違って、温めの湯にひがな一日体を横たえ友人との語らいを楽しむ、プールとはいえ泳ぐわけでもなく、あくまで長時間湯につかって会話を楽しむのだ。

ただしここは日本人好みの40度を超えた水温。少し熱めの湯が疲れた体全体に染みわたる。しかもプールの底は厚い泥が堆積しぬるぬるする。かつて日本から来た温泉調査団によれば、湯船の底の泥には美肌効果があり、これがある温泉は日本でもまれという。湯は常時流れ込みまた流れ出しているのでいたって清潔、加えて美肌効果があるとなれば日本人にはうってつけではないか。

湯が流れ出した先は川と合流し、所々にたまり場を作っている。

試しにその一つに入ってみる。

湯の温度と川の温度が調和し合いちょうどよい湯加減である。

あたりは深山幽谷、周りは山が取り囲み時々鳥のさえずりがこだまする。訪れる人は誰もいない。大自然の雄大な景観を前に川のくぼみに溜まる湯に体を横たえる。何ともいえぬ風情だ。しばらく湯の流れに体を任せていると浮き世の疲れが流れ出るようであった。こういうのを本当の秘湯というのだろう。

しかし、話に聞くところでは、ここにも開発の手が伸び、近年道路を整備し、温泉施設を拡張してここを本格的な温泉場として売り出す話が進んでいるとのこと。こういう所は開発の手を伸ばさず、ひっそりとしたたたずまいをそのまま残しておいてほしいと思うのは身勝手であろうか。

東ティモールの電気事情

ニティベの伝統家屋の集団にむろん電気はない。夜になれば暗闇が支配し、ヤシ葺きの家の中は真っ暗だ。煮炊きは薪で行い、ここではテレビ等の電気製品も見かけなかった。

しかし一般に、電気事情はこの2、3年、ずいぶん改善された。統計は、2010年時点で電気照明を利用する家、21・4%とするが[6]、筆者の印象ではこの数値は低すぎる。今ではもっと高くなっているはずである。政府はベタノとヘラに巨大発電所を建設。その結果、総発電容量は257メガワットにもなった。現在、実際には40メガワットしか使用されていないので、実に217メガワットの増量余地を残す。

東ティモール政府の努力により、今ではどんな山奥でも電信柱を見ることができるようになった。しかし東ティモールにおける問題は、電気は一応通ったが24時間通電は少なく、24時間通電とされているところもしばしば停電に見舞われるところにある。

例えばディリに関し、近年、近郊のヘラに巨大発電所が建設された結果、24時間通電が可能となった。ただし、24時間通電との建前とは異なり実際は一日に何回も停電し、テレビはそのたびに画面が消え、冷蔵庫は冷やしたものが溶け出す。東ティモールでは、アイスクリームを買う際注意が必要である。蓋を開けてみるとアイスクリームが容器の片側に偏り、シャーベット状になっていることがある。これは停電か外気に長時間さらしたためかわからないが、いずれにせよ一度溶けたものを再び凍らせたのである。

ではなぜこう頻繁に停電するのか。ここでも状況は水道と同じである。すなわち、巨大発電所の建設により、使い切れないほどの量の発電は可能となった。しかし、それを各使用者につなぐ配電網に問題があるのである。敷設から長期を経過し老朽化が著しい、敷設が無計画に行われ末端まで十分な電気供給が行われない、住民が違法接続する、等である。電気の場合は、一カ所でショートするとその先一帯が停電に見舞われる。その結果、住民はしばしば暗闇の夜を強いられるのである。

地方を回ると日が暮れれば辺り一面暗闇だ。満天の星が一際きれいに輝く。ふと見ると、一軒の崩れかかったバラックの軒先に裸電球がぶら下がっている。あたりは真っ暗闇。その真っ暗闇の中に裸電球の淡い光がぼんやり光っている。思わず、ああ、これが文明か、と思う。

それまでは日が暮れれば薄っぺらな、汚れた毛布にくるまり眠るしかなかった。電球が一つ灯るだけでその家には家族の団らんが生まれる。裸電球は蛍光灯と違って、橙色の暖かい光である。その暖かい光の下で、これから家族が集まって話に花が咲くのだろう。なにやら、新美南吉の童話「ごんぎつね」を思い出させるような光景であった。

テレビの普及

さて、電気の普及が村民の生活に与えた影響の最大のものがテレビであろう。

東ティモール人の話では、ここ2、3年、テレビが驚くほどのスピードで普及しているという。

どんな辺鄙なところにも衛星放送のアンテナが立つ

中でも夜8時からのニュース番組が圧倒的な人気を誇る。

これには二つの理由がある。

第一は、この国はテレビ番組の制作能力が限られており、自前の番組はごくわずかで、多くをポルトガルやブラジル等から借用し流している。言語は必然的にポルトガル語である。しかし、東ティモールではポルトガル語は公用語の一つであるにも拘わらずこれを理解する人口はわずかしかいない。その結果国民は、ほぼ唯一のテトゥン語番組であるニュースを食い入るように視聴する。テレビ局の説明では、東ティモールのゴールデンアワーは夜8時から10時までで、中でも最大の視聴率を誇るのが8時から9時までのニュース番組という。実に、テレビ保有人口の9割近くが視聴するわけだ。

さらにもう一つ、より重要な理由がある。

東ティモールの地方を回って驚くのは、どんな山奥でも、また、どんな崩れかかったバラックの村落でも、そこかしこにパラボラアンテナが林立していることだ。これは考えてみれば不思議である。前述の通り、村民は自給自足生活だ。原則貨幣なしの経済で衛星放送の受信料が払えるわけがない。

そのからくりはすでに述べたとおり政府による退役軍人への年金だ。家がバラックでどれだけ壁が崩れかかっていようが、退役軍人として独立闘争で従軍したと政府が認定しさえすればその者は年金受給資格を得、金額は勤続年数により幅があるものの、最低月270ドル、年二回の年金を手にすることができる。

これまで貨幣を手にしたことがない者にとり、月270ドルの現金収入がいかに高額であるかは推して知るべしである。現金を初めて手にしたものがまず購入するのがテレビ、次が電気釜という。テレビはここではそれほどまでに人気だ。

かくて、いかなる山奥の村であれ、人里離れた寒村であれ、ニュースは必ず視聴されるのが東ティモールである。

筆者が東部ラウテム県を訪問したとき、村民がいつも通り歓迎の踊りを披露してくれた。

ひとしきり踊りが終わって次は何が来るかと期待しつつ見ていたところ、3、4歳ほどの小さな女の子が10数名、腰にひらひらした衣装をつけ、いかにも米国を思わせる音楽に乗りながら腰をくねらせ踊り始めた。同行のものに確かめたところ、こういう踊りはそれまで東ティモールでは見たことがない、との説明であった。3、4歳の子供が、テレビに映し出される光景を見てこれをまね、我々に踊りを披露してくれたのである。東ティモール社会の、この2、3年の間の大きな変化を物語るエピソードである。

これは為政者にとり脅威であろう。12年前ようやく独立を達成、それまで独立闘争の名の下に抑制されていた人々の豊かさへのあこがれが一挙に解放されることになった。初めのうちは独立後間がないから、の一言ですんでいても、次第に国民は「平和の果実」を要求し始める。しかも、果実はこれ見よがしに毎日のようにテレビを通して国民の目に飛び込んでくる。

社会はこういう変化に耐えられるのであろうか。自給自足生活者が貨幣を持つ意味をこれほど直截に教えるものはない。貨幣さえ持てば、テレビ画面にあるような豊かな生活が手に入ると知ったとき、人は何とかして貨幣を手に入れたいと思う。しかし現実には誰もが貨幣を手にすることができるわけではない。年金受給権を取得したものは一握りに過ぎない。かといって、労働の対価として貨幣を手にできる仕組みが整っているわけでもない。都会に出てみても失業率が高い現状では、そうやすやすと稼ぎが生まれるわけでもない。貨幣を手にしたはいいが、流通が整っているわけでもない東ティモールにおいて、孤立した村落に住む人が手にできるものは限られている。結局、どうやって使ったらいいかわからず、村民を集め一夜の祭りに消費してしまう。つまり貨幣を手にすればまばゆいばかりの生活が待っていると思ったが、実際には昔ながらの貧乏生活が続くだけである。ただ祭りの規模と回数だけが増えた。結局村民は、欲望だけが常に刺激されそれが実現されぬまま満たされぬ思いのみが貯まることになる。

かつて日本の戦後もそうだったのかもしれない。食うや食わずの戦時体制が終わりを告げたとき国民の目に飛び込んできたのは、テレビを通した豊かなアメリカの生活だった。ちょうど政府の所得倍増計画とも符合し、国民はモーレッツとの合い言葉の下、深夜残業もいとわなかった。そうして手に入れた三種の神器を前に、国民はそれなりの達成感があったであろう。東ティモールが異なるのは、「労働の場所がない」ことである。ここに東ティモールの根本的な問題がある。

東ティモール人の勤労意欲

　さて、労働の場所がないことが問題だといっても、では、雇用機会さえあれば問題は解決するのか。これに関し、政府幹部はそうではないと反論する。

　政府幹部が見るところ、東ティモールの根本問題は雇用機会がないことにあるのではなく、人々の「労働意欲がない」ことにある。したがってこのマインドを変えない限り、いくら雇用機会を整えても問題は解決しないという。ルアク大統領がことあるごとに強調するのは、政府に何かしてもらおうと期待する前に、まず、勤勉に働け、汗水たらして働くことなしに果実は手にできない、ということである。グスマン首相はかつて筆者を前に、東ティモール人はすぐ政府にあれやれこれやれと言ってくる、どうして自分でやろうとしないのだろう、と嘆いたことがある。そしてことあるごとに、人々のマインドを変えなければ東ティモールの発展はないのだという。

　一般に、東ティモール人の勤労意欲に対する評価は高いとは言い難い。よりいいものをより多く生産し蓄財する、との意識が見られないという。ボボナロ県知事が言うように、東ティモール人は最近、米に対する志向を強めつつあるが、それでも根底には、米がなければイモを食えばいい、との考えが根強く残る。山の上を除き、熱帯性気候だから着るものも多くはいらない。何より、大家族主義なので、困ったら一家の稼ぎ頭に頼ることが可能だ。東ティモールでは、親類縁者が一つの家に居住するのが普通で、10人前後の居住者を一人の稼ぎ手が支えることも珍しくない。要するに究極の所「食うに困らない」のである。東ティモールでは、特に女性より男性に対しこの点に関する評価が厳しい。インドネシアでも金儲けは女性が主体だが、東ティモールでも女性が一生懸命働くそばで、男性がトランプや闘鶏にうつつを抜かす光景をよく目にする。東ティモールの家庭で金を一手に握るのは一家の主婦である。

これに関し、筆者の考えは多少異なる。東ティモールの人たちの中には極めて勤勉な者も多い。例えば、早朝市内を車で回るとまだ夜が明けやらぬ中、店の前を掃き清め野菜や果物を並べ始める例にしばしば遭遇する。その姿は勤勉そのものである。

また、東ティモールは大規模行事が得意で頻繁に企画するが、その多くは運営に優れ、大規模であるにもかかわらずすべての進行は遅滞なく行われる。あらかじめ定められたスケジュールが突然変更されることはしばしばだが、驚くなかれ、直前にもかかわらず関係者への周知が徹底しており、連絡漏れがない。筆者は２０１２年、マヌファヒにて挙行された反植民地闘争記念式典に出席した。ディリからマヌファヒは、陸路では数時間もかかり、かつ現地には宿泊設備もないので、関係者の多くはヘリコプターでディリ・マヌファヒ間を往復した。その帰路、関係者が昼食を終えようとしていたとき、突如ヘリコプターの出発時間が変更された。都合により出発が早まる、と言うのだ。筆者の所には出発の直前に連絡が入り、慌ててヘリポートに向かったが、その途上、突然の変更でもあり乗り遅れが何名か出るだろうと危惧した。しかし実際には、搭乗予定者すべてが変更の時間に勢揃いしたのである。こういう例は、東ティモールでは珍しくない。ロジスティックスにおける関係者への連絡という最も基本的なことが、この国ではほぼ完璧に実行されている。これは途上国にあって驚くべき能力と言わざるを得ない。総じて、「東ティモール人には働く意欲がない」との主張と平仄が合わないのである。

東ティモール人といってもすべてが「働かない」わけではない。むしろ、「働く」者が多い。しかし、個々の「働く人々」を集めたときに全体が「働かなくなる」というケースがどうも観察されるようである。これはどういうことか。

人々が組織の中に配置されたとき、その組織がうまく回るように設計されていない。すなわち、システムとして機能させることが苦手である。その典型が官僚機構であり、各組織はお世辞にも効率的に仕事を処理しているとはいえない。

これは日本社会との対比で見たとき、違いが明らかに浮かび上がる。日本社会もあまたの欠陥を有するが、一つ誇るべきは、組織として全体がまとまって機能するということであろう。それがかつて、日本株式会社として揶揄された。集団としての組織力が世界に脅威を与えると日本株式会社なる表現すら生まれる。日本は良きにつけ悪しきにつけ、社会全体がうまくまとまる。

社会は個々人により構成される。したがって社会が優れた力を発揮するためには個々人の力量を高めなければならない。しかし、社会の力量はそれだけでは決まらない。個人と個人をいかに結びつけるか、この要素が実は社会の力量を決める上で大きな意味を持つ。つまり個人と個人を結びつける結合部分がうまく機能するかどうかが、社会が機能する上で決定的に重要である。この結合部分がさび付き、あるいは破損していれば社会は全体として機能しないのだ。

日本人にとってはこういうことは当たり前すぎて逆にみずからの長所を認識するに至らない。例えば日本社会では時間が守られ約束事が守られるのはごく当たり前のことである。しかし、これは世界標準で見るとそれほど当たり前のことではない。

例えば人が中南米を語るとき、「アスタ・マニャーナ」の中南米という。アスタ・マニャーナとは、また明日の意味である。すなわち、今日約束しても守られることは少なく、明日やろう、との意味が込められている。

これに対し日本では、宅配便の時間指定配達、新幹線の分単位の発着時間等定められた時間に定められたことが１００％実施される。ここに日本の比較優位がある。宅配便にしても新幹線にしても日本の比較優位を余すところなく伝えている。近年宅配便の時間指定はマレーシア等に、また新幹線を列車だけでなくシステムとして輸出する動きは欧州等にあるようだが、まさに日本の比較優位に立脚した戦略というべきである。

翻って、東ティモールである。

東ティモールの最も顕著な脆弱な部分がこの社会の結合部分にある。例えば東ティモールで時間が守られることは希といっていい。社会全体が時間を守ろうとの「文化」を欠いているのである。自分が仮に時間を守っても相手は恐らく時間を守らないだろう、となれば誰も自分だけ時間厳守で動こうとはしない。その結果、社会全体が時間にルーズになる。つまり個人、個人はともかくも、その結合部分が機能しないために、社会全体が機能しない。

この「結合部分」は「トラスト」と言い換えてもいい(7)。資本主義の発達にはこのトラストが不可欠である。社会の構成員が互いに対し「信頼」を持つとき、初めて社会が機能的に廻っていくのである。そして社会が機能的に廻ることが資本主義の発達にとり不可欠である。異なった個人が互いに「信頼」で結びついて初めて資本主義が発達するのである。

東ティモールはこの部分が弱い。これは、いわゆる途上国に分類されるところの多くに共通してみられる弱点でもある。それは「個々人の能力」の問題というより「社会の結合部分の機能不全」の問題である。

東ティモール社会の本質：村落共同体

この点はより深い意味を持つ。社会の結合部分が機能しないとは、実は先進国側から見た批判であることを我々は見落としがちである。

筆者が見るところ、東ティモールの本質は「村落共同体」にある。そこでは、構成員は互いに顔見知りであり、それぞれの事情は互いに周知されている。そこでは社会の決まりなり約束なりと堅いことをいわずとも共同体は廻っていくのである。

ある邦人関係者によれば、東ティモールには「ありがとう」とか「ごめんなさい」を言う習慣がない(8)。そう聞くと読者は驚くだろうがこれは事実である。テトゥン語の「ありがとう、obrigadu」も「ごめんなさい、deskulpa」も、ポルトガル語からの借用であり、固有の言葉ではない。

東ティモール社会では、「ありがとう」と言うのは「水ください」ことであり、関係を断ち切り完結させようとする行為である。その者は、次に別の者が、「何かをしてもらいたいときに何かをしてあげようとは思わない」と言うことを「ありがとう」の言葉で表現している、と言うのだ。つまり共同体は持ちつ持たれつである。ある者が親切を受ければそれは他の者に親切にしてやって返すことが期待される。「ありがとう」はその「返す」行為をしないと言っている、と言うのだ。

「ごめんなさい」もまた、関係をそこで断ち切る言葉である。「ごめんなさい」といった者は、そこで、他の者が誤りを犯したとき、それを許さない、と言っているのである。「許さない」ことが前提になっているから、人は「許して下さい」との意味を込めて「ごめんなさい」と言う。しかし、共同体では、他の者の誤りは「許す」ことが前提である。自分の誤りも許してもらうが、他の者の誤りも「許す」。したがってそこに「ごめんなさい」の言葉が介在する余地はない。それを言えば「水ください」のである。これは、極めて緊密な人間関係がある間でのみ成り立つことである。それが東ティモールで成り立っている、と言うことは東ティモールは基本的に緊密な人間関係により構成される共同体社会である、と考えていい。

近代社会は、こういう共同体社会が崩れ互いの関係が疎遠になった社会である。互いは見ず知らずの者であり、そういう互いが関係し合ってさまざまな行為が行われる。そこには社会のルールが必要だし、親切にされれば「ありがとう」と言い、誤りを犯せば「ごめんなさい」と言わなければ社会が機能しない。それは「水くさい」社会である。その「水くさい社会」を動かすためにルールが定められ、ルールを守ることが求められる。「ありがとう」や「ごめんなさい」はその一つのルールに過ぎない。日本人は、生まれた時から「水くさい」社会で生きることを前提に、親切にされたら「ありがとう」と言い、誤りを犯したら「ごめんなさい」と言いなさい、と教えられる。

東ティモールも今後近代化のプロセスをたどり、都市化が進むにつれ「共同体」が崩れ、「水くさい社会」になっていくのだろう。今は、その崩れる前の「共同体」が見事に「保存」されているのである。

さて、社会はいつまでも村落共同体のレベルに止まっていない。現代は、それが高度に発達し、複雑な社会を形作る。そこでは異なった個人が互いに結びつけられ全体が有機的に動くことが重要である。その「結びつき」にルールがいるのであり、そのルールが働くために

「信頼」がいるのである。そして、この「結びつき」が機能して初めて資本主義が発達する。東ティモール社会は、こういう社会の発達レベルの中においてみると、その位置づけがはっきりする。ただし、一言加えるならば、社会が高度に発達することが人間にとり、より幸せか否かは別である。以下、それを考えてみる。

東ティモール人にとっての村落共同体の意味

東ティモール人の生活は家族がその核となり、その上に位置する村落共同体とともに生活の一切を規定する。

家族はいわゆる大家族制であり、みずからの妻子に親類縁者をも加えた10数名が共同生活を行う。特にここでは親戚の子供を引き取り学費を工面しこれを育てる風習があり、東ティモール人の大きな特徴となっている。例えばある国会議員は、自分は親戚に学資を出してもらい大学に行かせてもらった、今度は自分が親戚の子供の面倒を見る番だ、そうすることにより次は自分の子供も親戚に面倒を見てもらえるだろう、という。このように親戚、あるいはより広く共同体構成員との関係はいわゆるギブアンドテイクであり、ここでは相互扶助の関係の下に生活が成り立っている。

互いの関係がギブアンドテイクであればこそ、その関係を壊す「ありがとう」や「ごめんなさい」は「水くさい」のである。

では、東ティモール人は謝礼はともかくも謝罪をいかにして行うか。

謝罪は、言葉の「ごめんなさい」にはよらない。すなわち言葉を通しての謝罪ではなく行為を介しての謝罪が求められるという。ここで行為とは、身銭を切っての饗応をいう。すなわち罪を償おうとする者は、共同体の者を招待し、ワインを供し肉を振る舞う。その饗応の程度は罪の大きさによるのであり、軽ければ、簡単な饗応が、重罪ならば招待範囲も広く、また豪華な饗応が求められるのである。ここでは罪を償うことは身銭を切ることである。

さらに罪が重大であるとき、その者は村から追放される。

しかし東ティモール人にとり、共同体の中での生活がそのすべてであることを考えれば、村からの追放は死をも意味しよう。かくて罪を犯せば村から追放されるかもしれない、ということが有効な犯罪抑止措置になりうるのである。

独立に際しては、東ティモール人同士が抗争した。肉親、親類を隣人に殺された者も多い。これらの者との和解をいかに進めるか。それも結局は共同体の中で処理されざるを得ない。具体的には、罪を犯した者が西ティモールに逃亡し何年か過ごした後、帰国したいとして再び共同体に戻ってくる。これをいかに受け入れるかである。そういう者が帰還したとき、被害に遭った家族に加え共同体の主立った者が参加し、罪を犯した者に償いをさせる。償いの儀式は、歌を交え、共同体の者が歌いながら、おまえはいかなる罪を犯したかを問いただしていくのである。被害者の家族や共同体の者はその際、罪を犯した者を棒で殴り続ける。罪を犯した者がみずからの罪を告白し、被害者の家族や共同体の者が棒で殴りながらこれを受け入れていく。儀式は場合によっては一晩中続くこともあるという。

ここには共同体を基盤にした裁きのシステムが存在する。ここに近代司法をいかに介在させるか、難しい問題がある。

近年国会でも女性議員が家庭内暴力等に関し、女性の地位向上を求めて問題を司法の場に持ち出すべきである旨主張することが多い。しかし、問題が司法といういわば公的な場に持ち出され、裁判という形で処理された場合、そこに共同体の人間関係が絡む余地はなく、個々の問題を、共同体の問題として共同体秩序の中で処理することができなくなることに注意する必要がある。家庭内暴力のケースでは、問題が公的な場に持ち出され、夫婦関係の維持が難しくなる場合も少なくないが、そうやって東ティモールで独り立ちした女性がいかに生活の糧を得ていくか、至難と言わざるを得ないケースも少なくないことは留意されなければばならないという。

村落共同体では互いが顔見知りであり、互いの関係は「水くさくない」方法で処理される。その処理は、「定められたルール」に従うというよりは、より人的要素の濃いギブアンドテイクである。あるいは、これもやはり人的要素の濃い「告白」と「棒たたき」を通しての「罪の贖いの受け入れ」である。

それが可能なのはそこに強い人的結びつきがあるからである。近代社会が、これができないのはこの人的結びつきが壊れたからに他ならない。人的結びつきが壊れた社会で互いが互いを律するために「ルール」が必要とされているのである。

人的結びつきが壊れた社会が高度に発達した社会であり、人間にとりより幸せな社会だ、とは少なくとも言えない。

近代化の進展とともに社会がこのように発達し、個人の結びつきが壊れることが、その是非はともかく不可避とすれば、我々に求められるのは、その弱点をいかに補うかを考えることであろう。一つの解は、人が住む社会の規模をあまり広げないことである。筆者がドイツに住み、思い至ったことの一つは、人が幸せに暮らせる社会の規模には限りがあるということである。社会は巨大であればいいのではない。人が快適に暮らせる規模には自ずと限りがあるのである。程々の規模の社会が人にとりいかに快適か、ドイツの地方に広がるドルフ（村落）が余すところなく示している。

東ティモールには、手つかずの無垢の自然が残されている。子供は目を輝かせまぶしいばかりだ。人々は無垢で皆が貧しく、無理して稼ぎを増やそうという気もない。しかし、いつまでも手つかずの無垢なままでいるわけにはいかない。やがて文明が忍び寄り、子供の目は輝きを失う。村には一部富裕な者が現れ、それを見て他の貧しい者は無理してでも稼ぎを増やそうと思う。手つかずの無垢の自然はいつしか失われ、文明の下、都市の殺伐とした世界が広がる。

現代において、その流れが不可避とすれば、その弱点を補うため人は何ができるのだろう。もう一つの解として、ある教育者は教育の重要性を強調する。無垢なままの子供は輝かしいが、教育を受ければもっと輝く。稼ぎを増やしたいと思う者も教育を受ければその稼ぎをより有意義なものに使うかもしれない。文明が無垢な自然状態を破壊することは不可避である。しかし人間は、破壊された無垢な自然状態に英知をもって立ち向かわなければならない。無知なままでは、人間もまた「破壊」されてしまうのである。その通りかもしれない。

（コラム）

物乞い

東ティモールには物乞いがほとんどいない。確かに、スーパーの店先には携帯のプリペイドカードを売る少年が数名たむろするし、海沿いのレストランには土産物を担いで売り歩く少年はいる。しかしこれらは物乞いではない。どこぞの国でよく見かける、ちょっと油断すると物乞いの少年に取り囲まれにっちもさっちもいかなくなる光景とか、交差点で車を一時停止すると頼みもしないのにいきなり少年が窓ガラスに洗剤を吹きかけ清掃代をせびるような「高等テクニック」を使う例も見ない。総じて、ここでは人は「金をせびらない」のである。これはいかに解釈すべきか。

ある邦人に言わせれば、「東ティモール人の勤労意欲のなさ」がこういうところにも表れているという。つまり、物乞いをしてまで稼ごうとの意欲がない、という。そういう見方もあるかもしれないが、筆者は、勤労意欲というより、金が流通していないからだろうと思う。つまり自給自足経済において、金の価値は我々が考えるほど高くない。

東ティモール人は、みずからを貶めてまでして金をせびろうとの気持ちはなく、そうせずともみずからが栽培したもので食べていけるのである。

第3節　国造りに関する二つの立場

手付かずのままの「暗」の部分

やや詳細に東ティモールの生活の実態を追った。

ディリの目覚ましい発展は東ティモールの一つの断面に過ぎない。明の部分に対し陽の当たらない暗の部分がある。開発の手の及んでいないところである。

ディリにごく最近建設された10階建ての財務省ビルは東ティモールの明と暗を象徴する。この財務省ビルに来ると人は東ティモールにいることを忘れる。四方すべてガラス張りで国際会議場を備え、最上階からはディリの美しい海が眼下に広がる。しかし、目をふと財務省ビル隣接の空き地に転じれば、そこにはさびたトタン葺きのあばら屋が所狭しと軒を並べる。この鮮烈なコントラスト。開発の手が及んだところと及ばないところ、その双方が、互

新装成った財務省ビル

いに隣接して存在するのが東ティモールなのである。

「暗」の部分には一日0・88ドル未満の生活がある。これが国の4割以上を占める。

電気、水のインフラ供給がない。衛生には問題があり、学校はあっても掘っ立て小屋だ。子供は栄養失調で、乳幼児は生まれてまもなく多くが命を落とす。

この部分にもっと政府は対策を講じるべきでないか。メディアの政府批判は鋭い。

あるメディア曰く、政府は独立後10年余り経つのに、「暗」の部分に手をつけることなく、首都ディリを始めとしてインフラ整備ばかりした、それは予算を見れば一目瞭然で、インフラ投資が半分に及び、衛生は5％弱、教育は10％弱にすぎない、これ

財務省ビルから見下ろすと隣接してバラックが広がる

はカンボジア、ラオスと比較してもさらに低い数字である、[9] ディリの喧噪の影で、忘れ去られた村々が昔ながらの生活を続ける、人々は、すでに政府に多くを期待しない、これまでも政府はいくら言っても聞いてくれなかった、そういう生活がすでにポルトガル植民地時代を含め500年近く続いてきた、すでに政府が無策であることに慣れてしまった、政府とは村民には何もしてくれない存在との固定観念が出来上がってしまった、しかしこれは本来あるべき姿ではない、政府は、すでに舗装も一応施された幹線道路をさらに拡張し舗装のレベルを上げるのではなく、ほこりが舞い上がる、細い村道をこそ舗装していくべきでないか、村民がすべからく医療の恩恵にあずかれるようにしていくべきでないか、村民が等しく教育を受けられるようにすべきでないか、と。

野党フレテリンの政府批判

これはまた、野党フレテリンが主張してきたことでもあった。

曰く、政府は開発政策を間違えた。東ティモールに必要なのは、インフラの巨大プロジェクトではなく、村民の衛生や教育といった生活向上だ。

独立に際し、フレテリン主導の政府が目指したのは、国民が貧困に喘ぎ、電気も水もない、衛生状態も悪く教育の機会も十分与えられない、そういう状態を一刻も早く改善することだった。然るに政府はこの部分をなおざりにし、いわば「暗」の部分に手をつけることなく、「明」の部分のみ増やしていった。その結果、確かに消費は上向きディリを中心に開発が進んでいる。多くのインドネシア企業が主体となり、政府プロジェクトの受注が進んでいる。しかしこれらはすべて、過疎の村にいる一人一人の住民とは無関係に、別の世界の出来事のように進んでいるに過ぎない。過疎村の住民は電気等、ごく一部を除けば基本的にこれまで同様、貧困に喘ぐ生活を強いられている状況に変わりはない。実際、衛生にしても教育にしても、政府が進めるインフラ整備と比べ予算の配分はあまりに少ない。それどころか、都市が繁栄し農村が疲弊する状況が促進された結果、都市化が急速に進行し、それに伴い若者の失業率が大幅に増えている。政府が「暗」の部分をなおざりにし「明」のみ増やす政策をとってきた結果、東ティモールはその目指す国家像から大きく乖離しつつある。これは独立の際志向した方向とはちがう。

政府の立場

これに対し、政府は反論する。

一日0・88ドル未満で生活する人の割合は、確かに36・2%（2001年）から49・9%（2007年）に一時悪化したが、その後、41・36%（2009年）と改善しているではないか(10)。

5歳未満児の死亡率（1000人あたり）は125人（2001年）から64人（2009年）に半減したではないか。これは、ラオス（59人）には及ばないものの、カンボジア（88人）、ミャンマー（71人）、（以上いずれも2010年）には勝るのである。

乳幼児死亡率（1000人あたり）だって88人（2001年）から44人（2009年）に

半減、ミャンマー(50人)に勝り、カンボジア(43人)、ラオス(42人)(いずれも2010年)レベルになった、と。[11]

さらに、平均寿命(59・7歳(2005年)、62・1歳(2010年))、初等教育就学率(65・1%(2001年)、82・7%(2009年)、マラリア罹患率(2007年)、113人(2009年)、1000人当たり)、飲用水へのアクセス(63%(2007年)、66%(2009年)、よりよい飲用水源を利用できる人口比)、トイレへのアクセス(46%(2007年)、49%(2009年)、よりよいトイレ施設を利用できる人口比[12])、といずれを見ても生活環境は大きく改善されている、と主張する。

もっともこれに対しては、フレテリンは、2002年から2007年のフレテリン政権担当期間を見れば、貧困は悪化したものの、5歳未満児死亡率(125人(2001年)、92人(2007年)、1000人当たり)、乳幼児死亡率(88人(2001年)、60人(2007年)同)、成人読み書き能力(36%(2001年)、58%(2007年)、総人口比)、飲用水へのアクセス(48・0%(2001年)、63・1%(2007年)、よりよい飲用水源を利用できる人口比)、トイレへのアクセス(31%(2001年)、46・8%(2007年[13])のいずれも大きく改善しており、このまま2007年以降もフレテリンが政権を担当していれば、今以上の改善が見られたであろう、と反論する。

開発をめぐる考え方の変遷

開発に関し、国際社会は試行錯誤を繰り返しその考え方を変遷させてきた。

1950～60年代、国際社会は、インフラ整備を重視、経済成長を進めることによりやがてその果実が全国民に滴り落ちる（トリクルダウン）とした。

1970年代、この考え方に疑義が挟まれた。思ったような成果が見えなかったのである。成長の果実は貧困層には行き渡らずむしろ格差が拡大していった。そこで世銀は、貧困層を対象として、誰しもが人間らしい生活を送れるような基礎的要素の充足を目標とすべしとしBHN、すなわちベーシック・ヒューマン・ニーズの充足こそが重要とした。

1980年代、途上国の債務問題が表面化。IMF、世銀は援助に際し、コンディショナリティーを付し受け取り国の構造改革を要求した。いわゆる構造調整政策である。

2000年に入り、国連は国際社会が取り組むべき課題としてミレニアム開発目標を策定、さまざまな数値目標の達成を目指した。また、UNDPは人間開発指数を導入。個人の尊厳、人権尊重の考えに基づく開発を提唱している。

東ティモール開発論議の位置づけと見通し

この流れの中で見ると東ティモールの論戦はどう位置づけられるか。貧困削減こそが重要であり、個々人の生活状況を改善すべし（フレテリン）とするか、インフラ整備と経済成長を通しその果実が滴り落ちるのを待つ（グスマン首相）とするか、いずれも国際社会が辿ってきた道に他ならない。しかしＩＭＦ、世銀の考えは総論、東ティモールは各論である。東ティモールは東ティモールのやり方があっていい。この国に最も合った開発政策をみずからの論戦を通し追い求めていけばいい。国際社会は、そういう東ティモールと対話を続けながら国際社会側の意向も伝え、最も適切と思われる開発政策を模索すべきなのである。

註

（1）Timor-Leste, Pais no Cruzamento da Asia e do Pacifico, Frederic Durand は全国の市町村を４３０とし、そのうちテトゥン語が話される所を73とする。この意味でテトゥン語は地方言語である。ただ近年はテレビの普及もあり、多くの国民はテトゥン語を理解するようになった。なお、同書は主要言語として24言語をリストアップし全国の分布を説明している。

（２）『アジアはなぜ貧しいか』鶴見良行、朝日新聞社、１９８２年。
『東南アジア世界の形成』石井米雄・桜井由躬雄、講談社、１９８５年。

（３）都市人口の総人口に対する割合の変化率。

（４）ADB, A Pathway to Inclusive Opportunity in Timor-Leste 2012.

（５）小林ＪＩＣＡ専門家より貴重なご示唆を頂いた。

（６）ADB ibid.

（７）Francis Fukuyama Trust : Human Nature and the Reconstitution of Social Order, 邦訳『信なくば立たず』三笠書房、１９９６年。

（８）本件に関しては、Parcic 伊藤淳子氏より貴重なご示唆を頂いた。

（９）保健分野への政府支出割合：東ティモール４・８%、ミャンマー３%、ラオス５・３%、カンボジア９・３%。教育分野への政府支出割合：東ティモール９・２%、ミャンマー13%、ラオス13・２%、カンボジア14・６%。いずれも２００９年。なお、東ティモール国家予算総額１６７３百万ドルの内、インフラ関係57%、教育省予算５・７%、保健省予算５・７%（２０１２年）。Ministry of Finance, A Citizen's Guide to the 2012 State Budget of the Democratic Republic of Timor-Leste 2012, UNDP, Timor-Leste Human Development Report 2011, UNMIT, Monthly Governance Report, April 2012.

（10）UNDP Timor-Leste Human Development Report 2011, P.44. なお、同書Ｐ１１１は、36・０％（Earliest Year）49・９％（２００７年）、41・０％（２００９年）とし、同書Ｐ１５１は、36・０％（２００１年、一日あたり０・51ドル未満）、39・９％（２００７年、一日あたり０・88ドル未満）、41・０％（2009, World Bank Poverty Estimation 2010）としている。

（11）東ティモールに関してはUNDP Timor-Leste Human Development Report 2011. ＡＳＥＡＮに関しては世銀統計より。

（12）UNDP Timor-Leste Human Development Report 2011.

（13）ibid.

第3章　東ティモールの将来展望

東ティモールは独立後12年を経過、その間紆余曲折はあったにせよ、近年目覚ましい安定と発展を遂げている。このトレンドはこのまま続くのだろうか、あるいはこの先、何らかの落とし穴が待ち構えているのだろうか。すでに述べたことをここでもう一度まとめ、東ティモールの将来展望を試みてみよう。

基本構造、問題点、見通し

東ティモールの国としての基本構造および問題点をまとめれば以下のごとくである。

1. 東ティモールにとり、引き続き石油、天然ガス収入がその国庫を支えていくことに変わりはない。

2. 東ティモールが、石油、天然ガスに依存するだけの国であれば、その基盤は脆弱である。東ティモールは石油、天然ガス収入が見込まれる間に産業基盤を育成すべきである。東ティモールは、ブルネイ型になるのかシンガポール型になるのかの岐路にある。

3. 東ティモールは産業育成と並んで人材育成により資金を投入すべきである。

4. 東ティモールは開発を進めると同時に、開発の影に隠れ取り残されてきた分野に対しいかにバランスよく資金を配分していくかを考えるべきである。国民の半分近くを占める絶対的貧困の存在、衛生、医療等の遅れ、依然として国民の脳裏から消えない独立を巡ってのコミュニティーの分断等の問題である。

5. 開発がもたらした負の側面への手当も考えていく必要がある。首都と地方の格差拡大、特に都市部若年層に広がる失業の増大、経済成長とともにますます蔓延の兆しを見せる汚職、予算執行率の低下等に表される行政部門の非効率等である。メディアを通し流入する先進諸国の豊かな生活の情報が、これまでそういう情報に接したことのない国民にいかなる影響を与えるかにも注意が必要である。

6. 東ティモールを見る視点として、急速に根付き始めた民主主義、活発なメディアの活動、（特に地方において）周りが皆貧困であるということによる一種の安定（ただし、近年、ネットの普及により、外国の豊かな生活に関する情報が身近になった）、人口100万人強という規模の小ささによるメリット、インドネシアとの緊密な経済関係、石油基金を通しての石油、天然ガス収入の堅実な管理等、東ティモールのポジティブな面も忘れるわけにはいかない。

7. 短期的には、グスマン後の権力移行（トランジッション）と政局の安定が一つの山である。

以上を踏まえ結論を先取りすれば以下の通りである。

1. 短期の問題としてグスマン後の政局安定は維持されよう。
2. 中長期に関し、東ティモールは否応なくASEAN経済に飲み込まれていこう。特にインドネシア経済の圧倒的影響下に置かれよう。
3. 人材育成、産業基盤の構築に関してはかなりの困難が伴うだろう。ただし国の規模が小さいので、今後の賢明な政策いかんとの面はある。
4. 「インドネシア経済の圧倒的影響下に置かれた、地方の貧困、未開発と共存する、ある程度の消費需要を維持した、「天然資源依存型経済」が、今後もかなりの期間持続することが予想される。地方の貧困、未開発を克服し、過度の天然資源依存体質を脱却し、産業基盤整備、人材育成を促進していくことが期待される。

以下、右を敷衍する。

グスマン後の政局

(a) 次世代指導者への権力移行

2014年に入り、グスマン首相は折に触れ、辞任の意向を明らかにした。結局、8月のCNRT党大会で、党員総意の留任要請を受け辞任はひとまず撤回されることとなったが、グスマン首相は今後も引き続き、任期満了前の辞任の可能性を探る意向という。

そうなるかどうか、政治の先行きは不透明だが、東ティモールがいずれかの時点でグスマン首相の引退と次世代指導者への権力移行のプロセスを踏まなければならないことは避けがたい事実である。グスマン首相は68歳、健康であり国民的人気に陰りはない。まだ第一線で活躍できる状態だが、グスマン首相としては、あえて任期を残しつつ第一線を退き、時間をかけて次世代に引き継ぎ、2017年総選挙の洗礼をもって新体制にお墨付きを与える、との戦略を考えている。

通常、政治権力を次世代に移行するには少なからぬ混乱を伴う。しかし、グスマン首相は国内に睨みをきかせながら権力移行を可能な限りスムーズに実施する意向であり、そうであるとすればグスマン首相が健在である限り、移行に伴う混乱は最小限に抑えられると見ていい。グスマン首相は依然それだけの権力を温存しているのである。なお万が一、グスマン首相に何らかのことがある場合はここでは想定していない。

東ティモールにとり、グスマン首相が元気なうちのこの10年ないし20年は決定的に重要である。この間に、バトンを次の世代に渡し、政権基盤を固めた上で人材の育成、産業基盤の育成等に進むことができるかどうか、その成否は東ティモールの将来を決めるといっても過言でない。

(b)　退役軍人

ここで重要なのが退役軍人の動向である。

退役軍人がなぜ重要かと言えば、彼らが銃を持った経験がある集団だからである。すでに縷々説明の通り、東ティモールは安定を達成し今後これが崩れる可能性は極めて低いといえるが、仮に将来何かが起きるとすれば、それは退役軍人を軸に生じる可能性が高く、したがって退役軍人の動向には常に注意しなければならないのである。換言すれば、退役軍人層の支持しない政権に安定は望めないのであり、誰が後継になるにせよ、それは退役軍人層の受け入れるものでなければならないのだ。

退役軍人層にとり、最大の関心事は年金収入が維持されることである。ラモス＝ホルタ前大統領が、２０１２年選挙の時、年金制度はグスマン政権下でのみ存続するものではなく、いかなる政権であっても一度制定された以上、これが存続することに変わりはない、といくら説明しても選挙民は理解しなかった、とのエピソードに示されているとおり、退役軍人にとり年金収入は死活問題であり、それゆえ、これを制度化したグスマン政権が高い支持を獲得し得たのである。

また、退役軍人層が支持したからこそ現在の東ティモールの安定があるとも言え、さらに、退役軍人層が一度消費に目覚めた以上、これを放棄してまでまた銃をとることはないだろうとの推論も出てくる。退役軍人層を年金制度を通しつなぎ止めておくことは、したがって政権の根幹であるが、グスマン首相の影響力が続く限りこの部分が揺らぐとは考えにくい。グスマン後の政局にあっても、この点を軸に据えた政権運営が行われていくだろうと推論することは十分根拠のあることであり、また、そうである限り、東ティモールの安定が今後も揺らぐことはないだろうと期待されるのである。

なお、年金支払等の補助金支出については、今後政府の恒常的支出項目となり、政府が柔軟に支出できる金額が圧縮され財政の機動的運用が妨げられる恐れがある、との経済的視点からの批判がある。それはそうであるが、年金制度の高度に政治的な性格を考えれば、この経済的見方は政治的要請と併せて考えていかなければならない。

ところで政府プロジェクト受注に際しての退役軍人優遇政策[1]についてであるが、受注した退役軍人にはプロジェクト実施の能力を欠くところも多く、実際には、プロジェクトが一定額のリベートを対価に外国企業に横流しされているとの噂が絶えない。そのプロセスは不透明であり、場合によっては汚職の温床ともなり得る。したがってこのチャネルに対しては常に批判的な見方が絶えないが、事実としてはこれが存在し、退役軍人層への慰撫策として絶大な効果を上げていると見ていい。そしてこれが巡り巡ってディリ等における旺盛な消費需要の要因ともなっているのである。

いずれにせよ、退役軍人層はこれらのチャネルを通じ平和のうまみを享受している。この体制が続く限り、退役軍人層の支持は期待できるのである。そしてこれが東ティモール安定の鍵とすれば、ポスト・グスマンにおいてもこの体制は維持されざるを得ないのであり、逆にそうでなくなれば、何らかの混乱は覚悟せざるを得ないかもしれないのである。

(付記)

２０１５年2月、グスマン首相は辞任、新たにルイ・アラウージョ元保健相を首班とする内閣が発足した。グスマン首相は、新内閣に企画、戦略投資担当大臣として入閣した。

これは本文記述通り、次世代指導者への政権移譲をスムーズに行おうとのグスマン氏のかねてよりの計画に基づくものである。グスマン氏は今後一閣僚としてアラウージョ新首相を背後から支えていくものとみられる。アラウージョ新首相はかねてよりグスマン後継として取りざたされていた次世代指導者のホープである。筆者がかつて同氏と懇談した時、同氏は対日関係の重要性を熱っぽく語っていた。弁舌さわやかな能吏との印象であった。なお、同氏はフレテリン所属であるところ、今後の党派関係の推移には注目する必要があろう。

ASEAN、インドネシア経済との関係

(a) 隣接するインドネシア経済

東ティモール経済がインドネシア経済と密接な関係にあることはすでに述べた。今後、東ティモール経済がますますインドネシア経済圏に組み込まれていくことは必至である。その関連で一つエピソードを紹介しておきたい。

2014年7月、東ティモールでCPLP首脳会議が開催された。CPLPとはポルトガル語圏共同体の意味であり、ポルトガルの他、ブラジル、モザンビーク、アンゴラ等、旧ポルトガル植民地がメンバーになっている。メンバー国、オブザーバー国より多くの大統領、首相等が集まり首脳会議が繰り広げられたが、これは東ティモールにとり初めての大型国際会議だった。CPLPの狙いはただ一つ、これを機にASEAN等アジアとのつながりを深めたいということであり、東ティモールは議長国として晴れてその大役を担った。

その最後の晩餐会のこと。ディリ中心部からやや離れた岬の広場に、1000人を超える招待客が集められ一大晩餐会が開かれた。その規模だけでも度肝を抜いたが、もっと驚いたのは、正面にしつらえられたステージである。

晩餐会の間中、巨大なステージの上で華やかなショーが繰り広げられ、そのあまりの華麗

さが観客の目を釘付けにしたのである。歌あり踊りありファッションショーありの、まるでどこかの先進国のディナーショーかと錯覚するような舞台に招待客はすっかり酔いしれた。

中でも、披露された音楽が素晴らしかった。何ともいえず洗練され、もの悲しく、どこか異国情緒を漂わせ、これを聴くだけでこの夜ここにいた甲斐があったと思わせるほどだった。歌い演奏するは10人ほどのグループ、それが入れ替わり立ち替わり登場する。一体どこのグループかと聞いたところ、晩餐会を企画したカルブアディ観光大臣がこの夜のためにわざわざインドネシアから呼んだものとわかった。そういえば何となくいつも聞く東ティモール音楽とは趣を異にする。出席者は皆、その甘味な、そしてもの悲しげな音楽に、時の経つのを忘れたのだった。

しかしこの話は暗示的である。

東ティモールにとり、すべて出来合いのものが隣国インドネシアにそろっているのだ。すでに大きな発展を遂げたインドネシア経済にとり、然るべきレベルのあらゆる種類の「モノ」を揃えることは何の造作もない。いや、モノだけでない、ヒトも、そしてシステムもそこにはある。東ティモールはその気になれば、それをいとも簡単に持ってくることができる。むろん、それには資金が必要だが、幸い東ティモールに資金の心配はいらない。かくて極論すれば、一夜にして東ティモールは、極貧からそれなりのレベルの経済に衣替えすることが可能なのである。それなりのレベルのものをそろえ、それを運営するヒトをそろえ、それなりの経済の体裁を整えることができる。

東ティモール農業の根本問題が流通にあることは既述の通りだが、これさえも、その気になれば東ティモールはインドネシアから流通業者を呼ぶことが可能である。その流通業者はかつて独立前、ここで流通業を営んでいた者たちだ。明日にでも元の事業を始められる。流通というシステムさえもが、一夜にして整備可能なのである。

東ティモール経済を観察する者にとりこの視点は重要である。キャッチアップはイノベーションよりはるかに容易とされる。目指すべきモデルはそこにあるのであり、開発の苦労なくしてその果実だけをものにすることが可能である。しかし東ティモールの場合、それはキャッチアップの域を超えている。到達すべき目標の模倣ですらない。到達すべき目標そのものを移植できるのだ。東ティモール経済がインドネシア経済と一体であるとはそういう意味である。東ティモール経済は明日にでもインドネシア経済の亜種たり得るのである。

むろん、そうやって体裁を整えた東ティモール経済は、あくまで外見がそれなりのものになったに過ぎず本質までもが高いレベルの経済に変わったわけではない。整えられた体裁に東ティモール人の貢献の跡はなく、仮に流通が整えられたとしても、そこにいる東ティモール人はかつてと同じ、システムの手足たる存在に過ぎないかもしれない。外見的に体裁が整い、それなりに機能する経済が生まれたとしても、それは東ティモール経済の本来の姿からはかけ離れた、いわばよそ行きの服をまとっただけの経済に過ぎない、との批判はその通りだろう。

しかし翻ってみれば、世界にはそういう利点すら有しない国も多いのである。そういう国に比べれば、東ティモールがインドネシアという存在を隣接して抱えていることのメリットは計りしれない。要は、東ティモールがインドネシアの力をいかに使うかである。インドネシアから呼んだ音楽グループを触媒として、みずからの音楽グループを一層質の高いものにしていけばいいのであり、それができるかどうかが問われているのである。

(b)　中国、ASEANとの関係

ここで注意すべきは中国の存在であろう。東ティモールはこれまでも中国、特にマカオ在住企業との関係が深かった。しかしここにきて、中国大陸企業の進出が拍車を掛けているようである。すでに政府発注プロジェクトの受注は中国企業がインドネシア企業を上回ったようである。[2]

マカオとの関係は東ティモールにとり特筆すべきである。マカオは同じポルトガル語圏としてCPLP（ポルトガル語圏共同体）の加盟候補国／地域のステータスも持つ。マカオはその先に巨大な中国経済を抱えているのであり、東ティモールはマカオを通し中国経済と太いパイプでつながれているといっていい。

ASEANへの加盟はここ2、3年のうちに部分加盟の形で実現するだろうとの見方が強い。一部加盟国は東ティモールが年間1000にも及ぶ会合に参加していくのは難しいとするが、そのすべてに東ティモールが密接な関係を有するわけではなく、関係の深い会合から順次参加していくものと見られる。現在作業部会で検討が行われている。

東ティモールのASEAN加盟は自然な成り行きと言うべきである。地理的にもASEANに隣接し、文化的にも密接な関係を持ち、インドネシア経済と極めて近い関係にあるこの国が、いつまでもASEANの外に放置され続けると考える方が不自然だ。とりわけ近年の東ティモールの安定を考えれば加盟は時間の問題と言うべきだろう。東ティモールは、現在G7+という脆弱国の集まりを主導している。安定と開発をいかに脆弱国にもたらすか、このグループの活躍はそれなりに注目されている。これ以外は目立ったところでは既述の通り

ＣＰＬＰ（ポルトガル語圏共同体）の一員であることであり、東ティモールは２０１４年から2年間議長国の座にある。しかしやはり、最も重要なのはＡＳＥＡＮとの関係に他ならない。

政府幹部の中には依然として旧ポルトガル植民地との関係に並々ならぬ意欲を示すものもいるが、それはみずからのこれまでのつながりによるものでしかない（みずからがポルトガル系の血を引く、ないし、みずからが旧ポルトガル植民地に亡命していた等）。将来の東ティモールの発展を考えれば、関係を強化すべきはＡＳＥＡＮであることは自明である。換言すれば、東ティモールが今後、ＡＳＥＡＮといかなる関係を築いていくかは、東ティモールの将来にとり決定的に重要である。

他方、産業がない東ティモールがどうやってＡＳＥＡＮの中で確固たる位置を獲得していくか、疑問を呈する向きが少なくないことも事実である。ＥＵの外で繁栄を続けるノルウェーのように、ＡＳＥＡＮに隣接しつつその枠外での発展を追求すべきだ、とする向きもある。しかしここは今後の政策の持っていきかた次第である。とりわけ後述のとおり、近年の産業形態はサプライチェーンにより構成されているのである。そこでは、途上国は完成品を製造することは求められず一部品の製造をすればいいとされる。重要なのは外部経済とのコネクティビティーであり、東ティモールは今後この方面にもっと資金を投入していけばいい。そうした上で、いかにしてASEANの中でその立ち位置を確保するか、それは決して容易ではないが、不可能ではないのである。

なお、サプライチェーン経済を前提にすれば、東ティモールは人口100万余りの狭い市場でしかなく投資対象には不向き、との批判は訂正される必要があろう。サプライチェーン経済の下では、消費市場は製造工場とは別の立地にあるからである。

産業振興

(a)　コーヒー、観光、石油、天然ガス

現在東ティモールで産業と呼べるものはコーヒーぐらいしかない。伝統織物のタイスが土産物店には並ぶが産業と呼べるかどうか疑問なしとしないし、人口の大半を占める農業従事者の農業が果たして「業」と言えるか疑問であることはすでに指摘した。政府策定の東ティモール戦略開発計画（SDP）は、観光、石油産業等を開発の目玉にするが、いずれも将来の道筋は見えていない。

確かに観光に関して言えば、ここには手つかずの自然があり、東部ジャコ島は観光の有力候補たり得る。近辺には太古の壁画遺跡もあり、うまく開発すればそれなりの観光客が見込めよう。ホエール・ウオッチングやエコツアーがうまく企画できればそこそこ形にはなるかもしれない。しかしそのためにはホテル、道路等のインフラ整備、観光ガイド等の人的資本整備も必要で、現在のところその方面への動きが見られるとは言えない。

石油産業に関しては、政府は開発が遅れている南部地域の目玉にしたいとの考えである。現在交渉がデッドロックに乗り上げているグレーターサンライズ鉱区より、採掘した天然ガスをパイプラインで南部地域に運び石油産業基地を造りたいとしている。

そのための道路等インフラ整備は予算措置も講じられ動き出したようであるが、肝心のグレーターサンライズに関する交渉の目途は立っていない。もっとも東ティモールにとり、石油、天然ガス収入はこの先10年程度で枯渇するとされ、その後を考えればグレーターサンライズの交渉をいつまでも先延ばしするわけにはいかない。今後の資源価格の長期下落傾向を考えればなおさらである。したがって東ティモールもいつまでもこの問題を放っておく訳にはいかない。しかし、仮にこのプロジェクトが動き出したとしても石油産業の雇用創出能力は低く、増大する失業の受け皿にはなりづらいとの問題は残るのである。

(b)　経済特区

政府は、外国資本を呼び込むべく飛び地のオエクシに経済特区を創設、インフラを整備し土地取得、租税支払い等の手続きを簡素化、その他さまざまな優遇措置を用意し積極的に外国資本を呼び込むとしている。そのための特別ファンドも検討されている。政府はアルカティリ前首相を経済特区責任者に任命し動きを加速化させる構えである。

識者の中には、外国資本の進出を考える際、最も重要なのが政情の安定であり、せっかく投資したものが国有化されたり治安が悪化し暴動にさらされるようであれば、外国資本が進出する最も基本的な条件を欠くことになる、しかし、それさえクリアーできればそれ以外の条件は多少不利でも企業は何とかしていくものである、とする者もいる。そういう面も確かにあろうが、その他の条件も有利であるに越したことはない。

その場合、人件費と用地取得が重要である。

東ティモールでは人件費が割高であることがネックである。2012年、東ティモールは月額最低賃金を115ドルに設定した。これは、ベトナム、カンボジア、ラオス、ミャンマーと比べたときはるかに割高であり、インドネシアさえをも上回る。(3)

近隣のアジア諸国より賃金が高く、なおかつそれらの国より労働者の質が勝るわけでもない場合、競争力の面ではなはだ不利と言わざるを得ない。

土地は東ティモールで何かしようとする者が一様に困ることの筆頭である。

これも歴史に由来するとすれば、東ティモールが抱える問題に共通するものを含んでいる。

すなわち、ある土地の法律関係を見れば、インドネシア時代の所有権の上に独立闘争期の不法占拠が重畳的に存在し、さらに独立後の所有関係が重なるという具合に、1つの土地にいくつもの権利関係が重なって存在する。そのどれが現在有効で、どれがすでに効力を失っているのか定かでない。さらに、その間、登記事務がきちんとされていたわけでもなく、要するに何人も土地の所有関係を確定できない。したがって、ある者が工場を建てるため土地を取得しても、第三者がそこは自分の所有の土地だと言って名乗りを上げる可能性が常にあるのである。国会は2012年、土地法を制定しようとしたが、結局大統領の裁可を得るに至らず土地法は未整備のままである。

以上2点は東ティモール経済にとり、致命的とも言える弱点である。このままでは外国投資を呼び込むのは至難と言わざるを得ない。

仮にこの2点をクリアーすべく経済特区が設立されるとすれば、それは対東ティモール投資促進に向け大きな助けとなろう。有能な行政マンのアルカティリがいかなる対応を見せるか、この点は重要である。

なお、経済特区が位置する飛び地のオエクシに関し、一点付言する。

東ティモール政府はここに経済特区を設置し、インドネシア東部、オーストラリア北部と併せ地域経済圏を創設し開発につなげたい考えである。これに対し、対抗するかのようにインドネシア政府がこのところ西ティモール開発に力を入れ始めた。インフラを整え工場誘致を加速する動きが見られるのだ。インドネシア政府にとり、西ティモールは東ティモール国民に対し、インドネシア経済の底力を誇示する舞台でもある。また、西ティモールの人々を自国経済の魅力に引きつけておくとの意味合いも否定しがたい。さらには、インドネシアとしても、西ティモールを拠点にこの地域一帯の発展を図りたいとの思惑もあろう。かくて、西ティモールおよび飛び地のオエクシは、図らずも双方のショーウインドウ的意味合いを持つに至った。力では微々たる存在でしかない東ティモール経済だが、この地域を舞台にインドネシアと開発を競い合っている様子は頼もしい。

(c)　世界経済の構造変化

ここで、近年の世界経済の構造変化に関し3点述べておきたい。

中国経済の高レベル化、その一次産品に及ぼす影響、近年の製造業のサプライチェーン化である。

第一に、中国経済は、近年賃金上昇が著しく、日本を初めとした外国企業は、その製造拠点を中国の外に移し始めている。これは、これまで中国に投資していた外国企業が、中国以外の国に投資を移す動きにあることを意味し、中国企業がその製造拠点を外国に移しているわけではない。中国企業の対外投資は、主として一次産品であり、行き先が資源国であることに変わりはないし、また、中国企業が国内の賃金上昇を受け製造拠点を移転させるとしても、移転先は国外というより国内内陸部が志向されるようである。

問題は、中国国内から外国へシフトしつつある製造拠点の膨大な量にある。これまで中国経済を支えていた労働集約の外国企業がこぞって拠点を中国の外に移すのである。そのインパクトは膨大なものにならざるを得ない。

その行き先は、当面、バングラデシュ、カンボジア、ミャンマーだが、今後さらにシフト先が拡散していく可能性がある。

この大きな追い風の中、東ティモールがいかにその立ち位置を見つけるかが重要となる。

第二は、今後中国経済は減速に向かわざるを得ない。

これまで長期にわたり10%成長を続けてきた中国だが、さすがにここに来て7%強の成長に止まっている。今後この傾向はさらに続き、5%台にまで減速していくものとみられる。

さらに、中国経済の変化に注目する必要がある。これまで投資主導だった中国経済は今後消費主導に変わっていかざるを得ない。それは、これまでの資源多消費型経済から資源需要の減少への転換である。

この2点により、今後一次産品価格は下落の傾向にある。東ティモールにとり、その意味するところは明らかである。

東ティモールがいつまでも資源依存の経済を続けることは不利と言わざるを得ない。

第三は、近年の製造業の生産形態の変化である。

今や製造業は、より安くより効率的に生産できるところを求め、世界中に製造拠点を設ける。それらを互いにつなぎ合わせ一つの製造工程を作り上げる。つまりサプライチェーンである。

その意味するところは、製造業にとり、製造拠点に市場がある必要はなく、製造過程は一つの製造拠点で完結する必要はない、ということである。

つまり、東ティモールはある製造業の全工程を行う必要はなく、その中のただ一つの工程に参加するだけでいい。

また、東ティモールは消費市場を持つ必要はない。

では、サプライチェーン経済の中で、いかなる要素が重要か。

市場、原料生産地への近接性と輸送の効率性である。換言すれば、高いコネクティビティーが必要である。

つまりサプライチェーンの中に立ち位置を見つけるとは、そのチェーンの中でいかに有利な存在であるかということであり、「いかに他とうまくつながっているか」が重要なのである。

具体的には東ティモールにとり、いかに整備された港湾、空港を持つか、いかに効率的な港湾業務、税関業務ができるか、いかに有利な輸送手段を持つかが重要なのである。

そしてさらに、東ティモールがいかなる地理的位置関係にあるかということである。

この点で、東ティモールが、豪州と中国を結ぶルート上に位置することは重要である。豪州の物価高を考えれば、豪州の原料を東ティモールで加工し中国市場に持って行くことは十分選択肢として考えられる。実際、最近、豪州企業が東ティモール第二の都市バウカウに製造拠点を移したのはこの流れの一環である。

また、繰り返しだが、東ティモールがインドネシアに隣接する意味は大きい。東ティモールに何らかの比較優位があれば、インドネシアの製造過程の一つを東ティモールに移すことは十分考えられるのである。

東ティモールとの関連で世界経済の大きな変化をとらえれば以上3点に集約できる。東ティモールはこの変化を認識しみずからの発展を模索しなければならない。世界経済は刻一刻と変化している。過去が東ティモールにとり不利であっても未来が同様に不利であるとは限らない。それどころか、世界経済の変化は東ティモールに思わぬ可能性を提示しているかもしれない。東ティモールはチャンスを見逃してはならない。

人材育成

資源がない国は人材に頼る他ない。

シンガポールがいい例である。半世紀前、独立当初のシンガポールは条件として東ティモールと大きく異なるところがなかった。小さな島で資源がなく人口も少なく、食料、水さえ自給できず輸入に頼らざるを得ない。そこから独立後の国造りが始まった。頼るは人的資源しかなかったのである。シンガポールはその自覚の下、優秀な人材を選抜、次々と欧米の大学に送り込み教育していった。学生は育ち、やがて帰国、政府や産業界の要所に配置されていった。

東ティモールも条件は同じである。国土は狭く、人口は少ない。これといった産業もなく食料は多くを輸入に頼る。ただ一つ違うのが石油、天然ガスの存在である。東ティモールが天然資源のみに頼るか、それから脱却するか、はこの国の将来を決定的に左右する。

天然資源への過度な依存から脱し国家の存立を図ろうとすれば、何もなかったシンガポールと同じく人材に頼る他ない。然るに現在、政府や社会の機構はそれなりに作られてはいるが、それを動かす人材は圧倒的に不足したままである。

ヒメネス前最高裁判所（Court of Appeal）長官はかつて筆者に、東ティモールは法律は外国の法律を参考にそれなりに整備した、裁判制度も各国の協力を得、一応整えた、しかし、法曹界の人材が圧倒的に足りない、法律は長期にわたり習得が必要とされる分野で一朝一夕にできるものではない、しかも東ティモールの法制度は、慣習法、ポルトガル法、インドネシア法、オーストラリア法の影響を受け、極めて複雑である、これを習得するのは容易でないが、今はその教育が間に合わず実際の裁判案件を処理しようにもその審理に当たる人材がいない、裁判の制度は外国から急ごしらえに輸入し、裁判所の建物も作った、しかし中に入って裁判するものがいない、結局外国人に助けを求めざるを得ない、と胸の内を明かしたことがある。

これが実態である。

予算を組み立てても、執行に当たる部分が不十分なため執行率が壁に当たっている状況はすでに説明した。政府は地方分権に力を入れるが、仮に地方に予算を分配したところで地方にその執行にあたる人材がいるわけではない。その状態のまま地方分権を推進しても効果は限定的と言わざるを得ない。

然るに東ティモールに、組織だって優秀な人材を欧米の教育機関に派遣しようとの動きは見受けられない。各国の援助を受け然るべき人数が奨学金を得て留学してはいるが、この規模では開発のスピードに追いついていけない。結局人材不足は解消されていないのである。

裕福な国民はみずからの資金でインドネシアに師弟を送る。すでに一説ではインドネシアに5000人の大学生が就学中という。これは東ティモールにとり金の卵と考えられるが、惜しむらくは修学を了した後、東ティモールに帰国する者の数は限られるようである。東ティモール国内に十分な雇用機会がないからに他ならない。

では東ティモール国内で教育制度を整備する動きはないのか。実はここにも大きな問題が存在する。

東ティモールの教育

(a) 植民地統治の投げかける影

東ティモールの教育は500年に及ぶ植民地の歴史抜きには語れない。

ポルトガルは植民地時代を通し、東ティモール人に教育を施そうとの考えはなかった。ポルトガルは東ティモールだけでなくどこでもそうだが、植民地から物産を本国に移送することに関心があったのであり、東ティモール人を教育し、これを通して間接統治を進めようとの考えはなかった。ポルトガル植民地時代を通し、大学教育まで受けた者はごく限られた数しかいなかったという。

インドネシア統治が始まり状況は変わった。インドネシア政府は東ティモールで特に初等、中等教育に力を入れた。インドネシア国民統合の一環である。全国に学校を建設、生徒に制服を着せインドネシア語を教育した。東ティモールではその結果、国民の大多数が今でもインドネシア語を自由に操る。これは驚くべきことであり、いわゆるインテリ層に限らず、社会のありとあらゆる階層の東ティモール人がインドネシア語を解するのである（インドネシア統治終了後のこの12年に教育を受けた者がその範疇から外れるのは言うまでもない）。後述の通り分数の計算に誤りがあるとしても、全国津々浦々にまで及んだ教育政策はそれなりに評価されるべきである。

また、インドネシア統治時代は、高等教育を欲する者にはインドネシアの大学へ進学する道が開かれていた。そこで高等教育を納めた者が今、東ティモールの要所要所で枢要なポジションを占め活躍している（一例を挙げればルアク大統領夫人は、バリの国立デンパサール大学法学部を卒業し、東ティモール政府の法務副大臣を務めた）。

しかし総じて言えば、植民地統治が東ティモール人の教育の機会を奪ってきたことは否定しがたい。東ティモール人の中には高い能力を示す者が多く見受けられるにも関わらず、十分な教育の機会がなかったために、独立を果たした今、国を背負う人材に事欠いているのである。

この点はシンガポール等、旧英領と大きな違いを示す。旧英領では、間接統治の必要からエリートを選抜し英国本土で英国人エリートと同レベルの教育を受けさせた。そういうエリートは英国のエリート社会に迎え入れられ、英国のエスタブリッシュメントと交流を広げる。そういう層がシンガポール独立に際しすでに国内に相当数いた。これが独立後の国家を主導したのである。リー・クアン・ユー自伝を読むと、いかに、自分が英国のエリート層の一員として誇り高い存在であるか、その辺りの感じがひしひしと伝わってくる。みずからは英字紙に毎日目を通し、英国の知識人と交流し、英国に行けばその指導者層と自由に語り合う。さらには、英国だけでなく米国にもその交流の輪を広げ、また英連邦内に緊密なネットワークを広げる。読んでいて羨ましくなるほどだ。これだけ恵まれた環境にある者が、国の指導者としてシンガポールを指導してシンガポールが発展しない訳がない。そういう知識階級が独立を果たしたとき存在するか否かは、その後の発展に決定的とも言える意味合いを持つのである。

(b)　最大の問題としての言語教育

さて、植民地統治に終わりを告げ、新生東ティモールとして出発したこの12年の教育を見るとき、最大の問題が言語にあることは異論がない。

一般に国が統一国家としてまとまり、教育政策を推し進め、発展の礎を築いていく際の最も重要な問題が言語統一である。

例えばインドネシアは1万7000もの島から構成され、その言語は300にも及ぶとされる。オランダの植民地統治を終え独立を果たしたインドネシアにとり、いかに国民をまとめていくかは独立国家インドネシアの存続に関わる最も重要な問題であった。

ここでインドネシアは、言語を統一し、Bahasa Indonesiaを統一言語とした。仮にこの言語統一がなければ、インドネシアの国家としての一体性はありえなかったともいわれる。国家の統一にとり言語が果たす役割はそれほど大きい。

さて東ティモールであるが、既述の通り、東ティモールは狭い国土ながら30とも40ともいわれる言語が併存する。テトゥン語が共通語とされるが、地方にはテトゥン語を解さない者も多い。

テトゥン語は一地方言語に過ぎないのである。

事情を複雑にしているのがポルトガル語である。政府は独立に際し、もう一つの公用語としてポルトガル語を採用した。歴史的に東ティモールは長くポルトガル文化の下にあり、指導者の中にはポルトガルと文化的、血縁的につながりを持つ者も多い。対インドネシア植民地解放闘争に際しては、モザンビーク（ポルトガル語）等で亡命生活を送った者も多くいる。解放闘争を支援したギニアビサウもポルトガル語圏に属する。そういう次第もあり、時の指導者はテトゥン語に併せポルトガル語を公用語とした。その結果、今も例えば国会では、テトゥン語とポルトガル語の二言語により議論が行われ、文書が作成されている。

問題は教育現場である。

教育制度が未整備で、教材も教員も不足する中、現場はテトゥン語とポルトガル語の教育をする力がない。

ポルトガル語を教えようにも、教えることができる教員がいない。ポルトガル語が話せる層はそれほど厚くないのである。ポルトガル語の教材も不足する。ポルトガルやブラジルが協力しているが、現場に教材が行き渡っているとはいえない。

ではテトゥン語の教員、教材は十分かというとこれもそうでない。現場は十分な教室も教員も教材もなく、シフト制を敷いて何とかしのいでいる。

あるディリの小学校低学年は早朝7時から授業が始まるが、生徒は朝9時には帰宅する。9時以降、同じ教室を使い同じ教員が別の学年を教えるからである。その結果、一日2時間のみの授業が行われ、教材もないので家庭学習も行われず、帰宅後は、子供はもっぱら遊びに興じる。ある母親は、小学1、2年でABCを習ったと思ったら、小学3年で再びABCの授業が始まり目を覆った、と嘆息していた。

ディリには午後まで授業をしてくれるポルトガル語の学校が一つだけあるが、ここは競争率が高く入学至難である。政府高官の子弟が多く在学し、一般国民には高嶺の花である。

かくてポルトガル語を解する市井の人口は東ティモールにほとんどないと言っていい。筆者は職業柄、地方でテレビのインタビューを受けることが多いが、そのときの言語はテトゥン語かインドネシア語であり、そのいずれかであれば視聴者は理解してくれるが、ポルトガル語では理解する者はいない。英語も通じない。それが実態である。

教育現場を実情に合わせるとすれば、テトゥン語とインドネシア語教育に統一するのが最もよい。それが歴史的経緯から難しいのであれば、せめてテトゥン語に統一すべきである(テトゥン語も全国民が理解するというわけではない。どれかの言語で統一するならばテトゥン語が最適だろうとの意である)。また、東ティモールが将来ASEANに加盟し、それとの紐帯を強化しようと考えるなら、テトゥン語と英語こそが教育されるべきである。いずれにせよポルトガル語ではない。

教育現場は悲惨と言う他ない。校舎が足りない、机、いすが足りない。しかしそれ以前に言語で混乱し切っているのである。

(c) 数 学

東ティモール人の学力については、特に数学の問題を指摘する声が強い。

ある邦人関係者によれば、ある時、分数の試験をしたところ1／2＋1／3という問題に対し、学生の多くが1／5と回答してきたのでびっくりした、という。一人がそう書いただけでなく多くの学生が答えは1／5だと思ってそう書いた。

この関係者が言うには、インドネシア時代、先生が誤った数学を教えたらしい、当時、インドネシアから派遣され東ティモールに来ていた先生はそのレベルの人が多かったようだ、と言う。僻地への派遣ではそれもやむを得なかったのかもしれないが、誤って教えられ、それを覚え込んだのではそこから先の発展はない。

留学生試験でも数学は惨状を呈する。ある時の結果は、受験者数38人に対し、実に37人が0点であった。ちなみに残る一人は10点である。試験問題が難しすぎたとの見方もあり得ようが、東ティモール人が数学を不得手とすることは否定しがたい。

インドネシアの先例

東ティモールにとり産業振興と人材育成が今後の開発の鍵となる。ここに、賢明な戦略の下、いかにこの分野に資金を集中させていくかが開発の分かれ目となる。

その際、開発戦略の時間軸をいかに設定すべきか。

ここでインドネシアの例が参考になろう。

インドネシアも独立時、十分な人材を欠いていた点では東ティモールと事情は同じである。インドネシアがとった方法は、何はともあれ人材の育成に着手し、米国に留学生を送りテクノクラートを養成した。それと並行して取り組んだのは、産業の中でも農業であり、農業の振興で一定の成果を上げた後に製造業の育成に乗り出した。製造業に手を染め始めた頃には、海外から帰国した人材が有能な経済官僚として産業振興の旗振り役を担ったのである。

東ティモールでも人材が圧倒的に不足しており、他方その育成には長い時間がかかることに鑑みれば、何はさておいても、まずこれに着手しなければならないことは既述の通りである。

並行して産業育成をいかなる分野に重点を置いて進めるか。政府は戦略的開発計画（SDP）

で観光、石油産業等を上げるがインドネシアの例が示すのはまずは農業振興をすべきということである。

確かにいきなり製造業のような業種に手を染めるのは得策でない。他方、国民の大多数が農「業」に従事している現状を考えれば、農業こそがまず産業の手始めと位置づけられるべきかもしれない。それにより農民の所得が向上し、衛生、教育等を含め農民の生活レベルを向上させることができれば裨益人口は大きい。観光、石油産業はポテンシャルはあるが、それから裨益する人口はわずかである。国民全体のかさ上げという意味では戦略的開発分野として疑問符が付かざるを得ない。ちなみに日本政府は農業を重視し援助の重点分野の一つに位置付けている。

小国東ティモールの将来

東ティモールは人口100万強、面積1万5000平方キロメートル弱の小さな国である。東南アジアのシンガポール、ブルネイを見るまでもなく、規模の小さな国は規模の大きな国とは違い、やり方次第では急速な発展が可能である。インドネシアのような1万7000もの島からなる、人口2億を超える巨大な国ではないのである。

加えて東ティモールには石油、天然ガス収入がある。それは、現在のままでは今後10年ほどで枯渇するが、新たな鉱区の開発につなげればまだまだ巨額の収入が見込まれる。

しかし、東ティモールがシンガポールのようになるのは至難である。シンガポールの成功は、英明な指導者、国を挙げての人材教育、その人材が構成するハイレベルな官僚組織、地理的条件を十分に生かした産業政策、英語を主体とした教育制度等によるところが多いが、東ティモールが、これらの条件を満たし第二のシンガポールになるのは容易でない。

他方、ブルネイは、豊富に産出する天然資源をもとに東南アジアの中でも高い生活水準を享受する小国である。東ティモールが、小国でありかつ石油、天然ガスを産出することを考えれば、その政策いかんによっては第二のブルネイになることは決して不可能ではない。問題はその先、いかに資源依存を脱し産業に基盤を置いた国造りを進めていくかである。小国ならではの利点を十分生かす政策が望まれる。

平和構築と東ティモール

国連PKOは2012年末、その任を終え撤退した。治安は安定し、政府諸制度も完備した。何もない紛争後の東ティモールに、何はともあれ治安を回復し、政府機能を構築するとの新しいＰＫＯ任務は、ひとまず所期の目的を達しここに終了した。単に紛争を終結させ、そのまま放置したのでは紛争再発の蓋然性は高い。それはひとえに紛争の形がこれまでと異なるからである。

現代の紛争は、国家が権力を過剰行使することにより生ずるのでもなければ、国家が十分な機能を果たせないことにより生ずるのでもない。国家がそもそも存在しないことにより生じるものなのである。植民地を脱した新生国家には統治経験も統治能力もない。それまでしていたのは解放闘争というジャングルの中での武力闘争である。戦時から平時に移行し、国家統治に従事するにはまったく別の能力が要求される。その能力を新生国家は欠くのである。

その能力の欠如を補おうというのが新しいＰＫＯの平和構築であった。その最初の事例たる東ティモールが、かくも大きな成功を収めたことは慶賀に堪えない。関係者の尽力の賜物である。そこに石油、天然ガスの存在という行幸があったにせよ、独立以来、関係者が血のにじむ努力を重ね今日の成功を勝ち取ったことは疑うべくもない。

撤退するＰＫＯの側から見ればこれで一応の平和構築プロセスを了したことになるが、他方、東ティモール側から見れば、これまでのプロセスは平和構築の一ステップに過ぎない。

平和構築が、紛争に荒れた国土を平定し、国民に人間としてふさわしい生活を保障し、そのための政府機能を整備し、未来の繁栄を構築していくことであるとすれば、これまでのプロセスはその第一ステップでしかない。

東ティモールの今後を考えるとき、その最も大きな課題は、これまで縷々述べてきたことから明らかなように人材開発と産業育成である。しかしこの両者はともに時間がかかる。PKOが乗り込み、ひとまず治安を回復し、政府機構を整備した。しかし、整備された政府の諸部署を動かすのはそれぞれのスタッフである。司法の最高責任者が述べた、「裁判制度はできたがこれを動かす人がいない、司法関係者の育成にはとてつもない時間がかかる」との発言は東ティモールが直面するあらゆる分野における真実である。

産業育成もまた一朝一夕にはいかない。資本の蓄積、技術の獲得、流通ネットワークの構築、社会インフラの整備等、気の遠くなるプロセスが今後、東ティモールを待ち構える。

東ティモールは、これらの課題を一つ一つこなしていかなければならない。その一つ一つの努力が平和構築なのである。国家を造り政府を樹立するとはそういうことである。

東南アジアはその先行事例に事欠かない。シンガポールもインドネシアもゼロからスタートして国造りに成功した。東ティモールにとり、特にこれらの国々は参考になる。人材と産業の育成をいかに進めるべきか、東ティモールはこれらの国の成功がいかなる要因によりもたらされたか、よく研究し参考にすることができる。

国連ＰＫＯはいわば緊急措置である。戦火が収まりあちこちに硝煙がくすぶる中、何はともあれ治安を安定し、政府の外枠を作らなければならなかった。その作業がひとまず終わった後、今度はその外枠の中で働く者を養成し、その外枠を基盤として発展する産業を育成していかなければならない。それには東ティモール人自身が主体的役割を果たしていかなければならない。東ティモールの人々は今、建国の志に燃えている。国際社会はこういう東ティモールに対し引き続き支援の手を差し伸べていくであろう。東ティモールの平和構築はまだまだ続くのである。

おわりに

２００２年、独立に際し、国際社会が見た東ティモールは「無」の世界であった。それから12年、東ティモールは誰もが予想しないスピードで安定を達成した。ディリの町中には開発の成果が誇らしげにそびえ立つ。

しかし、ある東ティモール政府の閣僚が筆者に述べる言葉は重い。ドバイ、カタール、シンガポール等、高度に発展した国々を評して曰く、これから開発を進めるに際し、こういう国のようになろうとは思わない、開発は必要だが、ここまで高度に発展する必要はない、東ティモールには東ティモールならではのよき伝統がある、少し非効率で、のんびりし、時間にルーズで、あまり一生懸命働こうとしない、しかし、ここには美しい自然があり、人々が安心できる家族の絆、共同体の絆がある、最近は治安も回復し、夕方ともなればディリの浜辺に子供たちが繰り出しサッカーに興じる、その横を人生を味わうかのように、散策する人々がゆっくり時を過ごす、そういう社会を壊してまで高度に近代化した社会を創ろうとは思わない、東ティモールは東ティモールのよさを失うことなく開発を進めていけばいい、身の程を超えた発展は望まない、東ティモールは東ティモールであり続ければいい。

東ティモールは未だ多くの課題を抱えるが、人々の表情は明るい。それは、未来が過去12年間の延長にあることを人々が確信しているからである。人々の期待を背負い、政府幹部の責任は限りなく重い。しかし、東ティモールにおいて未来は限りない可能性を秘めているのである。

筆を置くにあたり、東ティモールの人々に心よりのエールを送りたい。日本大使館入り口に飾られた東ティモールの若者の笑顔を忘れることはないだろう。

註

（1）政府幹部からは、政府プロジェクト受注に際しての退役軍人優遇を政令にて定めた旨の説明がなされることもあるが、筆者が政府筋に確認した限りでは、かかる政令の存在を確認することはできなかった。

（2）政府幹部の筆者への説明。

（3）最低年額賃金の対一人当たりＧＤＰ比（２００９年）は、インドネシア（25％）、カンボジア（34％）、ベトナム（34％）、東ティモール（２０７％）Labor Market issues in Timor-Leste, World Bank 2013. 東ティモール政府の中にはＩＬＯのアドバイスに素直に従い、いたずらに高い水準を設定してしまった、とする者もいる。

あとがき

人は著作をものし筆を置くとき、一種の満足感に浸ると聞く。筆者は言いようのない寂しさに襲われる。

これまで幾度となく任地を離れ移動を繰り返してきた。それが我々の仕事の定めでもある。しかし今回は何か違う。

任期の3年は早かった。振り返れば幾多のことがよい思い出となってよみがえる。その任期を終えることは寂寥感以外の何物でもない。

滞在中多くの方々に教えを請うた。識者から話を聞くことは筆者にとり大きな喜びであった。ここに心より感謝の念を表したい。

また、東ティモール政府の方々、国際機関の職員、外交団の同僚とは親しくつきあいを重ねさせて頂いた。楽しく笑い合った日々を忘れることができない。本当に気持ちのいい人たちだった。

大使館の同僚への感謝は言うまでもない。厳しい生活環境の中、一緒に働いてくれたことを感謝したい。

長谷川元法政大学教授、山田早稲田大学教授、中村聖心侍女修道会シスター、伊藤パルシック代表、高橋同プロジェクトマネージャー、辻村元FAO職員その他在留邦人の方々、小林JICA専門家他の専門家の方々、土屋書記官、吉川専門調査員、佐藤、大坂草の根無償資金委嘱員他多くの方々に貴重なご示唆をいただき、また資料等でお世話になった。謝意を表したい。

出版部の西田氏には編集の初めから終わりまで快く相談にのって頂いた。併せ御礼を申し上げたい。

東ティモールには邦人が100名ほど暮らす。そのほとんどが、政府関係者か、NGO関係者である。このうちJICAボランティア（JOCV）やNGOの方々はほとんどが20代、30代であり、そういう若者がこの東ティモールで、日夜、協力業務に携わっていることはここで強調しておかねばならない。

東ティモールの生活は厳しい。すでに文中に記したが、通常の東ティモール人の生活は、シャワーがなく、桶で汲み置きの水を体にかけ水浴をする。むろんそれは水であり、湯でない。トイレには便座がなくトイレットペーパーがないところも多い。電気は、一日数時間は通じるが、テレビ、インターネットの状況は劣悪である。食事は主として芋、とうもろこしであり、それにインスタントラーメン、野菜の煮込みがつく。鳥のから揚げがつくのはまれである。寝室には蚊が飛び交うが、厄介なのはこれがマラリア、デング熱を媒介することである。マラリアは治療薬があるが、デング熱は薬がない。1、2週間、もんどり打つ苦しみを味わう。寝室といっても、薄汚れた白壁に囲まれた狭い空間があるだけであり、就業後、あるいは週末、部屋にこもって過ごしても疲れはとれない。

こういう厳しい状況が通常の東ティモール人の生活だが、その中に20代、30代の若者が率先して飛び込み、東ティモール人と寝食をともにし、あるいはホームステイし、あるいは下宿し、テトゥン語を学び東ティモール人と語り合い協力業務をこなしている。

あるJOCVの隊員は言う。テトゥン語はわからないが、一緒に食事し、「これおいしい」とか「これ何というの」とか言うだけで、ホームステイ先の子供たちと話が盛り上がる。確かに病気のときはきつかった。高熱をおして水を買いに行かねばならなかったが、昼間は40度を越える暑さだし、埃がもうもうとした中を熱にうなされながら水を買いに行くのは大変

だった。しかし、次第にこういう生活にも慣れてくる。あっという間に任期の半分が過ぎ去った、と。
またあるNGOの方は、信じていたと思った東ティモール人に裏切られたときは本当にきつかった、自分がこれまでやってきたことがすべて否定されたように感じた、と言い、また他のNGOの方は、一生懸命やっているのに、東ティモール人から罵声を浴びせられ、何でここまで言われなければならないの、と思ったこともしばしばで、初めのうちは何度泣き崩れたかわからない、と打ち明ける。
その一つ一つを聞いていると、筆者は頭が下がるのである。
この東ティモールの地で、こうやって、苦労を重ねつつも東ティモール人のために日夜一生懸命協力している若い人たちがいる、ということはやはりここにきちんと記しておかねばならない、と思う。

東ティモールは、朝陽と夕陽がことのほか美しい。日が昇るとき、地平線に沿って急に赤くなりやがて真っ赤な球体が頭をもたげ上がっていく。夕暮れは、天上の世界が焼けるかと思うほどに一面真っ赤に染まり、その真ん中に、輝く深紅の球体が少しずつ沈んでいく。こんな光景がこの地球上の他のどこで見られるだろう。東ティモールの誇る自然の美しさの最たるものである。

この3年間、聞き、読み、考えたことを本書にまとめたが、不完全のそしりは免れない。もう少し研鑽を積まなければとても満足のいくものはものせない。読者の叱責を期待したい。

平成27年2月

花田吉隆

参考文献

東ティモールに関する邦文文献は限られる。
その中で5点を挙げる。

1. 東ティモールを知るための50章（山田　満、明石書店、2006年）。
東ティモールに関する最も簡便な入門書。

2. 東ティモール独立史（松野明久、早大出版部、2002年）。
独立をめぐる闘争史として詳しい。

3. 平和構築―アフガン／東ティモールの現場から（東　大作、岩波書店、2009年）。
東ティモールの平和構築が要領よくまとめられている。

4. 国連PKOと平和構築―国際社会における東ティモールへの対応（石塚勝美、創成社、2008年）。
東ティモールの平和構築を詳しく論述している。

5. 平和構築を再構築する　増補改訂版（旭　英昭、日本評論社、2015年）。
在東ティモール初代日本大使による平和構築論。示唆に富む。

欧文文献としてはＵＮＤＰ等国連諸機関、世銀、ＡＤＢの刊行物が、現地事務所からの最新情報をもとにしていることもあり信頼に足る。東ティモール財務省統計等東ティモール政府刊行物も限界はあるが、統計として有用である。

東ティモールに関する欧文文献はポルトガル語の著作に詳しいものが多い。ポルトガル語の記述ということで二の足を踏まれる方のために以下２点を特に薦めたい。いずれも東ティモールの歴史、地理等を豊富な図説を用い、視覚的に理解可能なように説明してある。好著である。

1. Timor-Leste, Pais no Cruzamento da Asia e do Pacifico, Um Atlas historico-geografico, Frederic Durand, Lidel, 2002.
2. Historia de Timor-Leste da Pre-Historia a Actualidade, Frederic Durand, Lidel, 2009.

英語で書かれたものとして、以下は長谷川元ＵＮＭＩＴ国連事務総長特別代表による。２００６年の事件等に関し、実際に現場に立ち会った国連ＰＫＯ代表による生々しい証言記録は貴重である。

Primordial Leadership Peace Building and National Ownership in Timor-Leste, Sukehiro Hasegawa, United Nations University Press, 2013.

《著者紹介》

花田吉隆（はなだ・よしたか）

防衛大学校教授。

東京大学法学部卒業。

在スイス大使館公使，在フランクフルト総領事，在東ティモール特命全権大使等を経て平成27年4月より現職。

（検印省略）

2015年6月20日　初版発行　　略称 — 東ティモール

東ティモールの成功と国造りの課題

—国連の平和構築を越えて—

著　者　花　田　吉　隆

発行者　塚　田　尚　寛

発行所　東京都文京区春日2－13－1　株式会社　創　成　社

電　話　03（3868）3867　　FAX　03（5802）6802

出版部　03（3868）3857　　FAX　03（5802）6801

http://www.books-sosei.com　振　替　00150-9-191261

定価はカバーに表示してあります。

ISBN978-4-7944-5057-9 C0236

Printed in Japan

組版：トミ・アート　印刷：平河工業社

製本：宮製本所

落丁・乱丁本はお取り替えいたします。

創成社新書

花田吉隆
東ティモールの成功と国造りの課題 55
―国連の平和構築を越えて―

伊藤賢次
良い企業・良い経営 54
―トヨタ経営システム―

三浦隆之
成長を買うM&Aの深層 53

門平睦代
農業教育が世界を変える 52
―未来の農業を担う十勝の農村力―

西川由紀子
小型武器に挑む国際協力 51

齋藤正憲
土器づくりからみた３つのアジア 50
―エジプト・台湾・バングラデシュ―

三木敏夫
マレーシア新時代 49
―高所得国入り―

中島成久
インドネシアの土地紛争 48
―言挙げする農民たち―

西村美彦
村人が技術を受け入れるとき 47
―伝統的農業から水稲栽培農業への発展―

創成社刊